한국교육사상의 전개와 발전한국교육사상의 전개와 발전한국교육사상의 전개와 발전한국교육사상의 전개와 발전
한국교육사상의 전개와 발전한국교육사상의 전개와 발전한국교육사상의 전개와 발전
한국교육사상의 전개와 발전한국교육사상의 전개와 발전한국교육사상의 전개와 발전한국교육사상의 전개와 발전

한국교육사상의 전개와 발전

보고사

한국교육사상의 전개와 발전한국교육사상의 전개와 발전한국교육사상의 전개와 발전한국교육사상의 전개와 발전
한국교육사상의 전개와 발전한국교육사상의 전개와 발전한국교육사상의 전개와 발전
한국교육사상의 전개와 발전한국교육사상의 전개와 발전한국교육사상의 전개와 발전한국교육사상의 전개와 발전

차 례

머리말

차 례

머 리 말

....

    교육이란 역사적 · 사회적 산물이다. 한국의 교육도 한국의 독특한 역사와 사회상을 토대로 하여 형성 · 발전되어 왔다. 각 국가와 민족마다 자기 고유의 역사와 전통에 맞는 교육이념과 교육제도를 가지고 좀 더 나은 미래를 설계하면서 교육활동을 영위해 왔다고 말할 수 있다. 필자는 오래 전부터 한국교육사상의 전개과정을 체계적으로 정리하고 싶은 생각을 가지고 있었다. 그것은 무엇보다도 한국교육사상의 전개와 발전에 비중을 두고 있는 수업에 사용할 적절한 교재가 없다는 판단에 기인하는 것이었다. 필자는 <교육의 역사 · 철학적 기초>나 <교육의 철학과 사상> 등의 강좌를 맡아 진행하면서, 한국교육사상의 전개와 발전, 그리고 현대적 의의를 중심으로 수업을 진행해왔다. 이것은 제한된 한 학기의 커리큘럼 속에서 한국과 동 · 서양 교육을 살피느니보다, 한국교육의 전통과 계승이라는 측면에서 제대로 접근하자는 나름대로의 의도에서였다. 그런 점에서 볼 때 교육사 · 교육철학 개설서들은 대개 한국교육사상의 전개와 발전에 초점을 맞추기보다는 한국과 서양교육을 균형 있게 다루고 있는 경우가 대부분이었고, 관점도 필자와 다소 차이를 보이기도 했다. 그리고 한국교육사상을 중심으로 수업을 진행하고 필요한 저서를 준비하게 된 더욱 중요한 이유 중의 하나는 일반인은 물론이지만 현직에 계시는 교사들과 교직을 이수하는 예비교사들 먼

책을 펴내면서...

저 우리 교육의 전통을 제대로 이해할 필요가 있다고 판단했기 때문이다. 교육학분야 중 교육사와 교육철학이 교육의 이념적 방향과 관련된 가장 기초적인 학문이요, 그 중에서도 한국의 교육사상의 전개과정과 그 특성이야말로 교직에 몸담고 후학을 양성하는 사람들에겐 필수과정이라고 여겨진다. 일본의 역사교과서 왜곡파동을 지켜보면서 늦기는 했지만 이제부터라도 우리 역사를 제대로 규명하고 자긍심 있게 가르쳐야 한다는 점을 절감할 수 있었다. 새삼 한말의 애국계몽사상가 박은식 선생이 강조한 주체적 역사의식의 중요성이 떠오른다. 그는 "우리 대한은 4천년 文明舊國이므로 4천년간에 역사의 光輝(광휘)도 찬란하고 영웅들의 활동도 赫赫(혁혁)할터인데 오랜 陋習(누습)이 자국의 역사를 발휘치 않고 타국의 역사를 傳誦(전송)하며, 자국의 영웅을 숭배치 않고 타국의 영웅을 稱道(청도)하여 중국의 少微通鑑(소미통감)은 아동이 모두 암송하되 우리의 東國通鑑(동국통감)은 나이든 儒者도 不講하며, 項羽韓信(항우한신)의 사적은 樵牧(초목)이 능히 말하되 을지문덕, 강감찬의 업적은 學士도 거의 말하는 이가 없는 중에 일종 눈먼 학자의 道가 尊華(존화) 두 글자를 稱託(칭탁)하고 노예학문을 계속 전수하여 국민의 國性을 소멸시키고 國粹(국수)를 마멸시키는 데에 이르렀다"[1]고 통탄하였다.

1) "讀高句麗永樂大王墓碑膳本", 「西北學會月報」, 第1卷 第9號(1909.2), 「全書」, 下, 42쪽.

머 리 말

　박은식에게 있어 대한정신을 고취하는 것은 이처럼 사대정신을 청산하고 주체적인 역사의식과 자긍심을 지님으로써만 가능한 것이었다. 그러므로 그는 학교교육에 있어서 우리의 자랑스러운 역사를 제대로 가르침으로써 자긍심을 높이는 교육, 대한국민으로서의 주체적인 주인정신을 고취시키는 그러한 정신교육을 교육의 핵심으로 삼을 것을 강조하였던 것이다. 박은식 선생의 주장은 열강의 침탈과 국가 간 경쟁이 가속화된 한말의 상황에서 비롯된 것이긴 하지만 여전히 귀담아들을 가치가 있다고 여겨진다.

　이와 같은 필요성을 느껴서 필자는 관련된 문헌들을 수집하여 정리하기도 하고, 틈틈이 선배 및 동료교수들과 대화하면서 자문을 구하기도 했다. 본 저서는 총 Ⅶ장으로 구성되어 있다. 제Ⅰ장은 한국 교육사상의 형성배경, 제Ⅱ장은 고유사상(무속)과 교육, 제Ⅲ장은 낭가사상(郎家思想)과 교육, 제Ⅳ장은 한국 불교의 전개와 교육, 제Ⅴ장은 한국 유학사상과 교육, 제Ⅵ장은 근대 애국계몽사상과 교육, 그리고 제Ⅶ장은 기독교 사상과 교육이다. 그런데 본 저서는 한국 교육사상의 전개와 발전과정에서 중시되고 있는 실학사상과 천도교 사상을 포함시키지 못했다. 대신 애국계몽사상을 실학사상을 계승하면서 한국 근대교육의 흐름을 주도한 개혁지향의 교육중심운동으로 보고, 현대교육과의 연계라는 측면에서 포함시켰다.

즉, 실제적 효과라는 측면을 중시했다. 또 한 가지 사료(史料)를 인용함에 「환단고기(桓檀古記)」나 「화랑세기」 등과 같이 진위논쟁이 있는 기록들도 과감히 수용하였다. 세세한 사실의 규명보다 전체 문맥과 의미가 더 중요하다고 판단하였으며 그런 점에서 참조할 필요가 있는 부분은 인용하였다. 그런데 이렇게 나름대로 의욕을 가지고 틀을 구성하여 책을 집필하고, 교정을 마무리하는 단계에 이르러서는 부끄러움에 출간을 망설일 수밖에 없었다. 이는 필자와 관점과 강조점이 다르긴 하지만 기존의 관련 저서들이 이미 적지 않게 출판되어 있는 상태이고, 필자의 학문적인 한계 역시 감출 수 없는 것이고 보니 당연한 일이기도 했다. 여전히 많은 부분이 미흡하고 또 보완되어야 할 것으로 여겨진다. 앞으로 계속적으로 수정·보완하여 보다 나은 교재가 될 수 있도록 독자 여러분의 끊임없는 지도와 편달을 바란다. 끝으로 본서가 출판되기까지 늘 관심을 가져 주시고 수고해 주신 보고사의 김흥국 사장님과 편집부 직원 여러분께 감사를 드린다.

2002년 6월

태조산 자락에서　**이 승 원**

I. 韓國 敎育思想의 形成背景과 展開

한국 교육사상의 형성배경과 전개

한국 교육사상의 형성배경과 전개

교육이란 행위는 구체적인 사회·문화적 기반을 가지고 이루어진다. 교육이란 진공 속에서 이루어지는 추상적인 행위가 아니다. 그것은 철저하게 문화적 전통 속에서, 그리고 사회적 활동으로서 구체화된다. 어느 시대 어느 사회나 그 사회의 체제유지나 발전을 위하여 미성숙한 세대들에게 일정한 가치와 신념체계, 지식과 기능 등을 가르치고자 하는 교육행위는 존재해 왔으나, 그 체제와 방식, 특성은 그 사회의 문화전통에 따라 달랐다고 할 수 있다.

교육사상 역시 각 사회의 문화전통 속에서 경험적으로 발생한 크고 작은 교육의 문제들을 해결하는 과정에서 형성되고 발전되었으므로, 사회적 배경과 무관하지 않다.

한국의 교육사상도 우리의 오랜 사회·문화적 기반 속에서 형성·발전되었다고 할 수 있다. 구체적으로는 우리 선조들이 터를 잡고 문화양식을 일구어 갔던 지리적, 경제적, 종교적 배경들 속에서 형성·발전되었던 것이리라. 그러므로 한국 교육사상을 제대로 이해하기 위해서는 그것을 구축하고 성장하게 한 형성 배경을 검토할 필요가 있다.

1. 한국 교육사상의 형성배경

(1) 農業(農事, 農夫)의 중시

한국 교육사상을 규명하기 위해서는 먼저, 우리 조상들이 일찍부터 농업에 종사해 왔다는 경제적 배경을 유념할 필요가 있다. 서양이 지중해 근방의 작은 도시 국가인 폴리스에서 출발하였으며, 폴리스들이 생계를 위해 일찍부터 상호 무역을 하게 되고 그 결과 일찍부터 '수

(數)'의 발달을 낳았으며, 추상적인 사유경향을 지니게 되었다면, 농업 문화를 주로 하는 동양은 그 특성이 달랐다.

농사유지를 위해서 대가족제도가 형성되고, 가부장적인 질서와 男兒 選好的인 가치가 중시되었다.

가족이라는 기본 단위는 확대된 국가체제에 있어서도 그대로 반영되었다. 한국 전통 사회의 절대왕권적 정치 체제는 그 성격 면에서 家父長的인 특징을 나타내었다. 우선 한국의 전통 사회가 가족의 결합체인 同族을 근간으로 하는 확대된 가족 사회의 성격을 지니고 있었다는 데서 그 家父長的 특성을 찾아볼 수 있다. 국가는 가족을 기본 단위로 하는 커다란 동족 사회로서 그 기본 구조 및 형성 모형은 단위 가족의 그것과 닮은 것이었다. 이런 사회에서는 혈연관계를 중심으로 한 질서 유지가 당연시되었고, 이는 이성적 합리적 논의의 질서보다 우선하는 특징을 보였다.

이 혈연 논리라는 자연적 질서 체계는 부모와 자식간의 관계와 연장자와 연소자의 관계뿐만 아니라 왕과 신하와의 관계도 '어버이와 자식'의 개념, 그리고 '형과 아우'의 서열 개념으로 해석되었으므로 사회의 기본적인 인간관계에서 질서를 유지하는 역할을 하였다.2) 농업 본위의 경제체제는 토지에 대한 각별한 애착 심리와 자연에 대한 조화와 순응의 신앙을 낳았고, 응집력 있는 촌락 공동체 의식이 형성된 것이며, 노동력의 증대가 강조되는 가운데 多産과 多男의 가치가 선호되었던3) 것이다.

사실 유교의 발전은 이러한 농경문화의 토대 속에서 가능하게 되었다고 할 수 있다. 즉, 유교가 중국, 한국 등 농업사회에서 사상계의 각

---

2) 柳蕙玲, "전통가정교육의 사회적 배경", 「韓國人의 傳統家庭敎育思想」(한국정신문화연구원, 1994), 8~10쪽.
3) 위의 책, 11쪽.

별한 우위를 차지하게 되는 것은 儒家思想이 가부장적 사회질서를 합리적으로 정당화시켜주는 이론적 토대를 적절하게 제공하고 있다는 데서 찾아볼 수 있는 것이다.

(2) 靜的인 德중시 경향

한국인들의 靜的인 삶, 德을 중시하는 삶은 경제적 배경으로서의 농경은 물론, 대륙적 토지에 기반을 둔 지리적 배경과 관련되어 있다. 우리의 영토는 3면이 바다에 둘러 있어 해양문화와의 교류가 적었던 것은 아니나, 중국대륙과 연결성을 지닌 대륙적인 특성이 강하다. 특히 상고시대 동이문화의 지역적 규모를 고려한다면 그 대륙적 특성을 확인할 수 있다. 중국민족으로 西方系에 속하는 夏部族와 周部族은 西部에서 기원한 農牧民으로 활동적인데 비하여, 東方系에 속하는 東夷族과 殷族은 東部에서 발전해 온 農耕民으로서 靜的이고 宗敎的이라 할 수 있다. 西部族은 인문주의적 합리적 사고를 가진데 비하여, 東部族은 情緖的이고 甲骨卜辭에서 보이는 바와 같이 信仰的이라고 대비할 수 있는 것이다.

한국인들은 대륙적, 정적이고 인내, 은근, 끈기, 평화 등을 존중하는 덕을 지닌 인(仁)의 문화를 일구었다. 공자가 논어 雍也篇에서, "知者樂水 仁者樂山 知者動 仁者靜 知者樂 仁者壽"라고 비교했을 시, 한국인들은 仁者의 풍모를 높이 평가하는 민족이라 할 수 있다. 중국인들은 일찍부터 우리 민족을 東夷, 즉 동방의 夷라고 하는데 이는 뿌리라는 뜻이었다.

「後漢書」東夷傳에는, "東夷는 어질어서 낳고 살리기를 좋아하고, 만물은 땅에서 뿌리를 박고 나온다. 그러므로 東夷는 天性이 柔順해서 道理로서 어거하기 쉬우며, 東夷의 땅에는 君子가 죽지 않는 나라가 있다(東夷 仁而好生 天性柔順 易以道御 有君子不死之焉)"고 평가하였던 것

이다. 이렇게 정적이고 어진 덕을 존중하고 은근과 끈기를 높이 평가
하는 한국인들은 정복자적·침략적인 기질을 천시하였던 것이다. 이러
한 민족적 기질은 인간을 존중하고 평화를 사랑하는 문화를 낳고 발전
시켰던 것이다.

(3) 사실적 · 합리적 · 직관적 사고 중시 경향

한국인들은 사유의 구조에 있어서 사실적·합리적이며, 직관적인 특
성을 지니고 있었다. 그리고 이것은 농경문화와 밀접한 관계가 있었다.

농부들의 삶은 토지의 근면성과 관련을 맺고 있다고 할 수 있다. 농
사에서 얻은 경험들은 사실적이고 합리적인 것이었다. 땅을 일구어 파
종하고 때를 맞추어 물을 대며, 적절한 태양 빛을 쪼이면서 곡식을 얻
는 과정은 요행이나 비약이 자리잡을 수 없는 사실적·합리적인 것이
라 할 수 있다. 자연의 질서는 합리적인 것이므로 농부들의 사유 역시
그 궤를 같이 하는 것이다.

농부들은 원시적이며 소박한 생활환경에서 직접 感知한 것을 소중히
여기게 되는 데, 事物의 直接的 感知를 통해 얻는 사유 형식은 直觀的
思考라 할 수 있다. 하늘의 변함 없는 질서와 합리적 이치를 깨닫는
것도, 인간으로서 올바른 도리를 깨닫는 것도 소박하지만 직접적인 경
험을 통해 얻게 되는 것이다.

(4) 고유사상의 원형(原型)으로서 무속적 사유 기반

또 하나 한국인들의 삶의 구조를 이루고, 한국 교육사상의 토대가
되는 사유의 원형으로 샤머니즘(Shamanism)을 들 수 있다. 샤머니즘은
중앙아시아 혹은 시베리아의 소수 민족 사이에 퍼져 있는 고유의 종교
상으로 무당의 주술적 역할을 중시하는 사유체제이다. 샤머니즘, 무속
적 사유는 한국문화를 '한국문화답게' 특징 지워주면서 그 저변을 흐르

고 있는 '한국 전통 문화의 원형(Archetypes)'으로서, 불교와 유교 등 고등종교가 한국인의 삶에 영향을 미치기 이전에 태고 적부터 한국문화에 배경을 이룬 신앙이요 원시종교였다.

샤머니즘(Shamanism)이란 入巫過程에서 겪게되는 '신비체험'에서 터득한 엑시타시(Ectstasy)를 자유로이 반복하는 샤먼(Shaman)중심의 종교현상이며, 샤먼은 엑시타시의 기술자로서 엑시타시 속에서 신령과 직접적으로 교섭을 하는 자이며, 초자연적인 신령과의 교섭을 통해 자연과 인생의 화복운명을 조절하려는 주술적인 종교현상이다[4]. 한국의 무속은 근본적으로 애니미즘을 기초로 하고 있다.

무속에서는 아니마(anima), 즉 정령(精靈)이 모든 물체 속에 깃들어 있다고 보고 있다. 무속에서는 죽음을 계기로 육체에서 떠나간 영혼이 초인적인 능력을 가지고 있다고 믿으며, 천지간에 이런 정령들과 영혼들이 충만해 있고, 이들에 의해 인간의 질병과 기근 등 화(禍)와 복을 가져오기도 한다고 믿는다. 즉, 우리 눈에 보이는 인간과 자연의 세계 배후에 수많은 영들이 존재하는 영계(靈界)가 있다고 믿는다. 그리고 영계와 인간의 세계 사이를 연결하는 중재자가 바로 무당<샤먼>이다.

무당을 중심으로 주술적인 의례를 행하는 무속적 사유는 '건강한 삶과 재수'를 추구하고, '굴러도 저승보다는 이승이 좋다는' 현세 이익적이고 현세 긍정적인 특징을 지니고 있다. 그리고 음주가무(飮酒歌舞)와 신바람 나는 놀이요 의례로서 風流를 감정적 특성으로 삼아, 神話와 祭天儀禮 속에 깊이 뿌리박혀 있는 무속적 사유는 외래의 사유를 긍정적으로 수용하는 조화의 정신을 지니고 있다. 무속적 사유는 자연의 질서에 순응하면서 현세의 삶을 소중히 여기는 사유경향이요, 조화의 정신을 지니고 있는 것이다.

---

4) 위의 책, 221쪽.

2. 한국 교육사상의 전개

한국 교육사상의 형성 배경을 기초로 교육사상의 전개·발전 과정을 간략히 나타내면 다음의 <그림 I-1>과 같다.

<그림 I-1> 한국 교육사상의 전개·발전 과정

固有思想(巫俗) 形成期 : 원시시대

· 애니미즘, 토테미즘, 샤머니즘의 종교현상 발생
· 삼한사회의 원시성년식/신화의 형성과 단군신화
→ 현실 긍정적이고 어진 사람, 사람다운 삶을 통해 홍익인
간, 광명이세의 사상, 인간존중의 사고 형성

郎家(風流) 思想의 發展期 : 삼국시대

· 무속적 사유의 계승과 확대(유·불·선의 수용과 융합)
· 풍류도의 접화군생(接化群生)과 현묘지도(玄妙之道)
→ 주체적이고 자발적인 전인양성의 모델로 낭가사상의 발흥

佛敎思想의 發展期 : 삼국중엽이후~고려말

· 무속과의 조화 속에 유교·불교의 정착과 발전
· 한국불교의 토착화(호국불교/교·선의 일치)
→ 현세와 내세, 삼라만상에까지 자비를 베푸는 고등사유의
정착으로 중세적 사유 발전

儒敎思想의 獨占期 : 고려말~조선후기

· 신진사대부의 학으로 성리학 수용과 관학화
· 인간본성의 자각과 수양의 가능성 제시
· 이상적 인간으로서 선비상의 제시

· 성리학의 한계자각과 改新儒學으로서 실학발생
→ 근세사상으로서 성리학의 전개와 민중의 성장

世界思潮의 도입과 近·現代化 : 조선후기∼현재

· 서양의 문물 도입과 근대화의 자각
· 애국계몽사상과 민족교육의 발흥
· 기독교의 수용과 근대교육의 발전
· 일제의 식민사관 극복과 민족화·민주화·현대화
· 전통과 개혁을 통한 한국화와 세계화의 과제
▼ → 한국사상의 전통성 회복과 세계사에의 기여

연구·토론 과제 ...

1. 한국 교육사상의 형성 배경을 정리해보자.

2. 한국 교육사상의 전개과정을 정리해보자.

3. 한국과 중국의 교육사상 형성 배경의 공통점과 차이 점을 토론해보자.

Ⅱ. 固有思想(巫俗)과 敎育
고유사상(무속)과 교육

I. 고유사상(무속)과 교육

1. 시대적 배경

교육의 역사는 인류의 역사라고 할 수 있다. 인류의 삶이 시작되면서 생활의 필요에 의해서 교육활동이 있었으리라는 것이 일반적인 견해로 받아들여지고 있다. 문자에 의한 기록의 한계로 말미암아, 문자이전의 원시시대의 교육의 실제적인 모습들을 살피는 것이 어렵기는 하나, 제도적인 학교를 통해 운영되는 것과는 다른 유형의 교육현상이 존재했을 것이다.

문자에 의하여 기록된 역사는 긴 인류의 역사에 비하면 참으로 보잘 것 없는 짧은 기간이다. 인류는 오랜 시간을 삶의 현장에서 이루어지는 비의도적 · 모방적인 교육활동에서 점차 발전된 형태로 변모해갔으리라 쉽게 추측할 수 있다. 교육사학자 몬로(Paul Monroe)는 원시인들은 있는 그대로의 환경에 순응하며 실질적인 생활의 필요에 따라 무의식적인 모방에 의존하다가 점차 의식적인 모방의 단계를 거쳐 종교적 의식과 주문, 수렵, 원정, 파종, 부족의 신화와 전설 등에 관한 이론적 교육으로 이행해 갔다고 설명하고 있다.[5]

한국민족의 형성과정을 검토하면 先住民과 그 뒤의 예(濊)와 맥(貊)의 이원적 구성을 갖고 있다. 한민족 형성의 주류는 예와 맥이며 고고학적으로는 無文土器人의 등장에서 비롯한다. 이 시기는 우리 민족이 혈연적인 면에서 하나의 단위로 이루어졌던 시기가 아니며, 조선족이 있고 부여나 고구려를 이룬 예맥족이 있었으며 남부지방에는 韓族이 자

---

5) Paul Monroe, *A Brief Course in the History of Education*(New York ; The Macmillan Company, 1928), pp.1-3.

리를 잡아가고 있었다. 우리의 원시사회도 다른 원시사회와 마찬가지로 모계 중심의 씨족사회이며, 자연의 만물이 다 영혼을 가지고 있다고 생각하는 애니미즘(Animism)과 샤머니즘(Shamanism)을 바탕으로 주변의 환경을 해석하고 적응했다고 할 수 있다.

특히 무속적 사유인 샤머니즘은 한국사상의 원형(Archetypes)으로서 당시 선조들의 사고방식에 깊게 자리잡고 있었다. 샤머니즘은 신석기시대에 인류가 가졌던 종교라 하며 오늘날에도 많은 민족이 샤머니즘을 신봉하고 있으며, 분포로 말하면 세계 각지에 가장 널리 분포되어 아프리카로부터 유라시아 대륙 그리고 남북아메리카에 이르기까지 분포되어 있다. 그 중에서 가장 대표적인 것이 시베리아, 북아시아 그리고 중앙아시아에 분포된 것이며 우리나라의 무당은 바로 이 샤머니즘에 해당되는 것으로 우리나라도 샤머니즘의 대표적인 지역이라고 할수 있겠다. 원시시대 무속적 사유가 기저를 이루고 있는 한국인들의 안목과 그들의 교육적 활동을 살펴볼 수 있는 것으로 단군신화와 성년식을 들 수 있겠다.

2. 단군신화와 그 교육적 의의

(1)신화의 의의

신화는 분명히 神에 관한 이야기이다. 그러나 한편 신화는 인간자신의 집단적 생활과 그 주위 환경을 신화화한 것이라고 이해하는 것이 더욱 합리적인 접근일 것이다.

신화는 인간의 사회적 경험의 객관화이지 개인적 경험의 객관화는 아닌 것이다.6) 우리는 신화를 통해 신화를 만들어낸 그 당시 고대인들

---

6) 李楠永, 思想史에서 본 檀君神話, 「韓國思想의 深層硏究」(서울 : 도서출판 宇石, 1983), 62쪽.

의 삶의 방식, 의식구조를 유추해볼 수 있다. 왜냐하면 신화는 고대인
들이 현실을 설명했던 구전의 역사요, 그들이 세상을 바라보았던 의식
구조이고, 사고방식이며 신앙이고 삶 자체이기도 하기 때문이다.[7]

각 나라마다 각기 독특한 자기들의 신화를 가지고 있듯이, 우리도
한국사상의 원류요 의식의 출발점으로 단군신화를 비롯하여 고구려의
朱蒙, 신라의 赫居世 등의 신화들을 가지고 있다. 단군신화는 분명히
고대 한민족의 사회적·주체적 삶의 객관화로서의 소산임에 틀림없다.
모든 신화기 그러하듯이 단군신화 역시 개인의 창작이 아닌 한민족의
집단적 소산이며 또한 무의식적인 혼(魂)의 구현과 같은 것이다. 특히
단군신화는 언필칭 우리 한국과 한민족의 역사적 전개발전의 좌표 위
에서 그 원점을 확보하는 소재이고, 고대 한민족의 심리와 사유의 특
징적인 경향을 엿볼 수 있으며, 나아가 민족적 특성 내지는 이념까지
도 그 원점의 위치에서 보다 뚜렷하게 파악해 볼 수 있는[8] 귀중한 소
산이라 할 수 있다.

(2) 단군신화

「삼국유사」에 다음과 같은 기록이 있다.

고기(古記)에 이런 말이 있다. 옛날에 환인(桓因)의 서자 환웅이
계셔 천하에 자주 뜻을 두고 인간 세상을 탐내어 구했다. 아버지는
아들의 뜻을 알고, 삼위 태백산(三危 太白山)을 내려다보니 이롭게
할(弘益人間) 만 했다. 이에 천부인(天符印) 세 개를 주어 내려가
서 다스리게 했다. 환웅은 그 무리 삼천명을 거느리고 태백산 꼭대
기의 신단수(神壇樹) 밑에 내려와 이곳을 신시라 불렀다. 이 분을

---

7) 李啓鶴, 한국인의 전통 교육사상과 가정교육, 「韓國人의 傳統家庭敎育思想」
   (한국정신문화연구원, 1994), 217쪽.
8) 李楠永, 앞의 책, 63쪽.

환웅천왕(桓雄天王)이라 한다. 풍백·우사·운사를 거느리고 곡식·수명·질병·형벌·선악 등을 주관하고, 인간의 삼백 예순가지나 되는 일을 주관하여 인간 세계를 다스려 교화시켰다(在世理化). 이때 곰 한 마리와 범 한 마리가 같은 굴에 살았는데, 늘 환웅에게 사람되기를 원했다. 때마침 환웅이 신령한 쑥 한심지와 마늘 스무 개를 주면서 말했다. "너희들이 이것을 먹고 백일 동안 햇빛을 보지 않는다면 사람이 될 것이다." 곰과 범은 이것을 받아먹었다. 곰은 기(忌)한지 21일만에 여자의 몸이 되었으나 범은 기하지 못했으므로 사람이 되지 못했다. 여자가 된 곰은 그와 혼인할 상대가 없었으므로 항상 단수 아래서 아이 배기를 축원했다. 이에 환웅이 임시로 변하여 그와 혼인해 주었더니, 그는 임신하여 아들을 낳았다. 이름을 단군왕검(檀君王儉)이라 일렀다. 왕검은 요임금이 왕위에 오른지 오십년인 경인년에 평양성에 도읍을 정하고 비로소 조선(朝鮮)이라 불렀다.9)

단군신화는 비록 짧은 기록이지만 다양한 해석이 분분하다. 먼저 단군신화에 나오는 몇 가지 사항들을 정리해 보자.

먼저, 단군신화에서의 神은 삼신(三神)의 신이라는 것이다. 桓因·桓雄·桓儉이 父·子·孫의 수직관계로 설명되어 있다. 물론 단군은 환웅이 웅녀와 결합하여 탄생한 神人으로 볼 수 있다. 그리고 단군신화에 등장하는 태백산(太白山)에 관한 것으로, 일연(一然)은 태백산을 묘향산으로 보고 있지만, 많은 사람들은 민족의 聖山인 백두산으로 보아야 한다고 주장하는데 옳은 지적이라고 생각한다. 「환단고기」에, "동방 여러 산들 가운데 태백이라 이름한 곳이 자못 많고 세상 사람들이 경솔하게 영변(寧邊) 묘향산을 그것이라 하는데, 실은 一然氏 三國遺事의 설에서 유래하였으니 그들의 식견이 콩알·팥알만 하여 어찌 더불어 논하기에 족하겠는가. 지금 백두산 꼭대기에 크나큰 못이 있어 둘레가

---

9) 「三國遺事」券第一 紀異第一.

80리쯤 되고 압록·송화·두만강 등이 여기에서 발원하는데 그 이름을 천지라 하니 곧 환웅씨가 구름을 타고 하늘에서 내려온 곳이다. 묘향산은 아예 조그마한 웅덩이 하나조차 없어 이 역시 또 환웅천왕이 처음 내려온 태백산이 되지 않으니 논의할 거리가 못 된다"[10]는 지적이 있는데 적절한 것이다.

천부인(天符印) 세 개에 관한 것으로, 천부인 세 개란 神의 위력과 영검한 힘의 표상이 되는 신성한 符印으로, 동북아시아 유형에 나타난 바로 미루어 보면 서울·칼·방울 같은 것으로 추측해 볼 수 있다.

그리고 곰과 범의 등장하고 곰이 인간이 되었다는 것은 동굴에 살던 인간들이 마치 하늘에서 온 자들과 같은 선진의 문화를 가진 새로 유입되어온 종족과 결합하면서 동굴의 생활단계를 벗어나 새로운 차원의 생활단계로 진입하게 된 사실을 보여준다고도 볼 수 있다. 즉, 신석기 단계의 토착민들이 새로 유입되어온 청동기문화를 가진 수준 높은 인간의 집단과 결합하는 양상을 보이는 것이라는 해석[11]을 유념할 필요가 있다. 그리고 곰과 범이 받아먹었다는 마늘은 오늘날 우리가 먹고 있는 마늘이 아니라, 야생의 마늘이나 달래류에 가까운 것이 아닐까 추정된다는 것이다. 우리가 먹는 마늘은 漢代이래 서역과 교류를 가지면서 중국에서 들여와 보급되기 시작한 것이기 때문이다.[12]

고조선의 지배자인 왕검을 단군왕검이라 할 때 흙으로 쌓아 만든 제단을 나타내는 단(檀)이라는 자를 사용하여, '檀君'이라 표기하고 있는데, 이는 단군이 종교적 제사장이었던 사실을 잘 보여주고 있다. 무속신앙의 대표적인 반영이기도 하다.

이와 같은 부분적인 해석을 기반으로 우리는 단군신화 속에서 다음

---

10) 「桓檀古記1」 역주본·장구본(단학회 연구부, 1998), 128쪽.
11) 김기흥, 「새롭게 쓴 한국고대사」(서울 ; 역사비평사, 1993), 235쪽.
12) 위의 책, 19쪽.

과 같은 의미들을 찾아낼 수 있다.

첫째, 단군은 천상의 신적 생명과 지상생명과의 융합된 결정체로 묘사되고 있다는 것이다. 하느님의 아들이 天上에서 天下의 인간세로 하강하였으며(貪求人世 …在世理化), 땅의 여신이 자기부정을 통해서 재생함으로써 성화 되고, 강림한 천신과 성화된 지신과의 결합에서 생명이 탄생하고 새로운 문화가 탄생한다는 '생명과 문화의 창조'논리를 확인해 볼 수 있다. 그리고 단군신화의 세계관은 지상과 현상의 세계를 전체적으로 포괄하는 생명중심의 세계이고 천지상하의 조화로운 교감의 세계라고 할 수 있다. 이는 조화와 묘합(妙合)의 원리를 표현하고 있는 것이다.

둘째, 하향적 자애(下向的 慈愛)와 화해(和諧)의 윤리가 반영되어 있다. 단군신화는 天上에서 天下의 人間世로 하강하고(貪求人世…在世理化), 부자의 윤리가 정립되었으며(父知子意…遣往理之), 인간사를 주관하게 하였다(可以弘益人間…凡主人間三百六十餘事)는 3윤리가 나타난다.13)

단군신화는 父子·君臣·夫婦의 세 正倫을 제시해 주고 있는데, 父子의 윤리는 父知子意에 의하여, 君臣의 윤리는 將率三臣에 의하여, 夫婦의 윤리는 暇化而婚之에 의하여 시사되는 하양성의 윤리, 자애의 윤리가 나타난다.

단군신화 속에 깃들여 있는 부자·군신·부부의 三綱이야말로 「한」의 妙合으로 인륜의 극치라고 보는 견해는,14) 이런 점에서 타당한 지적이라고 여겨진다.

셋째, 인간 중심적이고 현세 지향적 세계관이 반영되어 있다. 환웅이 인간세상을 그리워하고 다스리기를 희망했다는 것이 이를 말해주고

---

13) 韓國哲學會, 「韓國哲學史(上)」, 1987, 94쪽.
14) 李乙浩, 檀君神話의 哲學的 分析, 「韓國思想의 深層硏究」, 17쪽.

있다. 그리고 곰과 범 모두 늘 사람되기를 원했으니, 인간세상을 중요시하는 인간 중심적이고 현세 지향적인 사고방식이 반영되어 있다고 볼 수 있는 것이다. 단군신화의 현세지향적 세계관은 무속신앙의 특징이다. 사후세계를 이승의 연장으로 보고 현세에서의 건강한 삶과 재수 있는 삶, 즉 복 받기를 바라는 것이 무속적 사유라 할 수 있다.

넷째, 인내와 온유로 표현되는 인(仁)의 가치가 높게 평가되어 있다. 쑥과 마늘을 먹고 햇빛을 보지 않으면서 견디어 낸 참을성 있는 동물, 온순한 곰이 설국은 사람이 되고 환웅과 결합하여 단군왕검을 낳았다는 것이 이를 말해준다. 이는 어진 삶이요, 사람다운 삶을 존중하고 있는 것이다. 사람다운 삶은 "삶에서 당면하는 쑥처럼 쓰고, 마늘처럼 맵고, 동굴처럼 암울한 고난을 극복할 때, 알속에서 3×7 일만에 '신비롭게' 병아리가 깨어나듯이 인격적으로 다시 태어날 때 비로소 이룩된다"15)는 논리로서 설명할 수 있을 것이다.

그리고 이렇게 어질고 유순한 삶을 이상적으로 신화화했던 고대 한민족의 성향은 중국의 史書에도 잘 나타나 있다. "동방민족을 夷族이라고 부르거니와, 夷라고 함은 뿌리를 뜻한다. 따라서 도의의 仁을 높이고 生成을 즐겨 펼친다. 이는 마치 만물이 땅에 뿌리박고 솟아오르는 것과 같아 그들은 천성적으로 부드럽고 순하다"16)라는 증언은 바로 그것이다.

다섯째, 농업중시의 사회상을 반영하고 있다는 점이다. 환웅과 웅녀와의 교혼(交婚)관계는 농본적 생산양식에 기본 요소인 천과 지를 상징적으로 가탁(假托)한 것이요, 이는 궁극적으로 하늘과 땅을 상호 감응하는 불가결의 생명현상의 세계로 보는 이른바 대전적(大全的) 세계관의

---

15) 李啓鶴, 앞의 책, 217쪽.
16) 「後漢書」東夷列傳.

신화적 반영이며, 원래 대전세계의 관념은 특히 농본사회에서의 범주적 의식이요 그 산물이기[17] 때문이다.

또한 환웅은 인간세계에서 3백 60여 가지 사업을 벌여 민생의 삶이 널리 유익하도록 마련하였다고 묘사하고 있는데, 그 의미의 내용을 개괄적으로 요약하자면 대개 농경사업의 장려와 가치질서의 확립 등 두 가지에 주력하였다고 추리할 수 있다.[18] 이처럼, 단군신화는 고대 사회에서 농경이 본격적으로 정착된 이후에 고대 한인들의 소망을 반영한 신화라는 것을 추리해볼 수 있다.

마지막으로, 인간세상을 널리 이롭게 한다는 '홍익인간'의 이념을 제시하고 있다는 점이다. 홍익인간의 이념은 정부수립과 더불어 제정된 교육법 제 2조에 반영되어 우리 교육의 이념이요 목적으로 명문화되어 있다. 홍익인간의 이념은 인간존중의 사상으로 세계의 중심을 인간세상으로 삼아 인간을 사랑하며 널리 인간을 이롭게 하고, 소아(小我)를 버리고 대아(大我)를 살리는 선공후사(先公後私)의 원리로서 나라를 다스림에 있어서 백성을 가장 중히 여기는 민본주의 사상이다. 안으로는 민본으로 통하며 밖으로는 세계적인 인류애로 직결되는 홍익인간은 또한 만민평등의 사상으로 모든 사람을 누구나 다같이 존중하고 차별하지 않는 평등의 원리이며, 하늘의 신<天神>, 즉 태양신을 숭배하는 밝음의 원리이다.

환웅이 하늘에서 태백산정에 내려와 하늘, 즉 태양신을 숭상하고 그가 내려올 때 가지고 온 천부인 세 개와 또 거느리고 온 풍백·우사·운사, 그리고 삼천의 무리는 모두 인간세상 모든 사람을 고루 행복케 하기 위한 것이었으며, 이상세계, 윤리세계의 건설을 위한 것이었다.[19]

---

17) 위의 책, 71쪽.
18) 위의 책, 72쪽.
19) 문현상, 「인간관의 고찰」(서울 : 동문사, 1996), 126쪽.

원시 한인들은 환인이 인간 세상에 내려온 목적이 널리 인간을 이롭게 하고자 한 것으로 파악하고 있었으며, 천상과 지상을 통괄하는 인간 중심적인 사고를 지니고 있었다고 할 것이다. 그런데 홍익인간의 이념이 지닌 한계점에 대한 지적들이 많다. 단군신화에 보이는 홍익인간은 민주적인 시민사회의 철학이 될 수 없는데, 이는 신의 입장에서 인간에게 베푸는 수직적 개념이기 때문이라는 입장이 있다.

즉, '인간을 널리 이롭게 한다'고 해석할 때 여기에 나오는 인간을 인격체로서의 '사람'을 의미하는 것으로 보아서는 그 뜻이 부족하다는 것이다. 신의 주도하에 인간세상을 이롭게 하겠다는 것이요, 신의 권위를 기반으로 권력을 행사하는 군주의 입장에서 이 세상을 이롭게 하겠다는 말이라는 것이다. 민주적인 시민의 대등한 권리와 책임관계 속에서 운영되어야 하는 민주적 시민사회의 철학이 될 수 없는 내용이므로, 오늘날 그대로 적용하기보다는 현대적으로 재창조하여 적용해볼 수 있어야 한다[20]는 것이다. 또 한가지 '인간을 널리 이롭게 한다'는 이념과 실제 우리 교육현장간의 괴리의 문제이다. 물론 교육의 이념이란 추상적이고 포괄적인 교육의 이상향이요 지향점을 나타내는 것으로서 구체성을 요구할 수는 없다. 그럼에도 불구하고 이러한 지적들을 고려해볼 때 그 동안 '홍익인간'의 개념이 지닌 교육적 의미분석에 소홀하였고, 실제 교육현장이 추구해야 할 구체적인 밑그림을 그려주는데 제 역할을 다하지 못했다고 평가할 수밖에 없다.

(3) 단군신화의 교육적 의의

신화는 그냥 신화로서 받아들여야 되는 것인지 모르겠다. 그 속에서 현대적 의미를 새롭게 끄집어내려는 작업은 분명히 한계가 있을 것이

---

20) 김기홍, 앞의 책, 236~237쪽.

기 때문이다. 그러나 신화 속에는 한 민족의 원초적인 고향의 체험과 같은 사유의 근본 틀이 반영되어 있다고 여길 수 있다면, 신화의 한계성 못지않은 의의를 발견할 수 있을 것이다.

우리는 단군신화 속에서 천상과 지상을 조화롭게 함께 아우르는 세계관을 발견할 수 있었으며, 극기와 인내로 새롭게 탄생하는 어진 인간상을 찾을 수 있었다. 또한 '인간을 널리 이롭게 한다'는 대아적(大我的)인 가치를 얻을 수 있었다.

환웅이 농경사업을 장려하고 가치질서의 확립과 관련된 3백 60여 가지의 일에 주력했음에 유의해 본다면, 단군신화를 통하여 조명되어지는 세계상은 「能産的 宇宙」이고, 인간관은 일면 能産的 인간과 일면 도덕적 인간을 겸비한 「全人」의 실현을 목적하였다고 볼 수도[21] 있을 것이다.

神意가 내재하고 동물이 인간으로 승화되어 天과 地의 요소가 한 몸에 化育되는 존재, 그리고 개인적 이해를 넘어서 타인을 배려하고 남과 공동체를 형성하려는 인간, 바로 전인이라고 할 수 있겠다.

'인간을 널리 이롭게 하는 사람'이란 인간의 생명과 인격을 존중하는 사람, 확대된 자아개념을 지니고 공동의 선을 지향하는 사람, 국가와 인류전체의 복지증진을 위해서 기여하고자 하는 사람이 아닐까? 그리고 자연과 우주의 질서를 부여하신 신의 뜻을 겸허하게 수용하면서 인간을 둘러싼 환경과 평화롭게 공존할 줄 아는 조화로운 사람이 아닐까? 그리고 인간을 널리 이롭게 하는, 사람다운 사람은 쉽게 만들어지는 것이 아니고, 쓰고, 맵고, 답답한 어둠 속에서 오랫동안 견디는 과정을 통해서 탄생되는 것은 아닐까?

---

21) 李楠永, 앞의 책, 72쪽.

3. 韓族의 성년식

(1) 원시사회의 성년식

성년식은 대개 종교적 의식과 함께 신체적 고통을 가하고 이를 잘 견뎌냄으로써 가정과 사회에 대한 책임을 감당할 수 있는 성인으로 인정받게 하는 의식이다.

성년식은 매우 중요한 통과의례(rite of passage)로서, 특히 미성숙한 세대들을 성인들의 삶의 방식, 행동유형에 적응시키고 편입시켜 주는 교육적 가치를 지니고 있다. 전통적으로 어느 사회에서든지 탄생·성인·결혼·장례 등과 같은 통과의례는 매우 중요한 의미를 지니고 있다. 출생·결혼·장례는 개인 혹은 가족에게 있어서 실로 중차대한 일이었으며, 그 중에서도 성년식은 더욱 특별하게 사회적으로 중시되었다. 한 인격체로서는 '철들었음'을 자각하는 변화의 기점이고, 사회적으로는 사회구성원의 새로운 영입을 뜻하기 때문이다. 유교적 풍토가 반영된 우리의 4가지 큰 전통의례, 즉 冠·婚·喪·祭 중 冠禮가 바로 성년식에 해당한다. 국가민족에 따라 성년식의 형태는 다를지언정 '가족의 차원에서 부족의 차원으로 변화하는' 구조적 특성은 같았다고 한다.22)

성년식은 특히 원시사회, 無文字社會에서 성대하게 거행되던 행사인데 부족에 따라 행하는 방법이 다양하여 극히 간단한 것에서 복잡하고 장기간을 요하며 힘이 드는 의례까지 있다.

예를 들면 중앙 오스트레일리아 부족의 성년식은 여러 해에 걸쳐 3단계로 진행되는데, 10~11세의 소년의 몸에 토템신앙의 상징을 그린 후에 공중으로 던지고 심하게 매질을 한다. 2~3년 후에 다시 붙잡혀

---

22) http://www.jejuelection.go.kr/adult3.htm

잔학한 행위를 받는다. 상처의 종류도 다양하여 등이나 가슴을 난자하거나 앞니를 부러뜨려 일생동안 상처가 없어지지 않게 한다. 아울러 의식에 필요한 동물을 사냥하게 하고, 본인에게는 의식이 진행되는 동안 음식을 주지 않는다. 한편 성년식이 진행되는 동안 토템신앙의 춤과 의식이 진행된다. 그리고 몇 달 후 많은 사람이 참석한 가운데 춤을 곁들인 의식이 거행됨으로써 그 청년은 부족의 완전한 성인으로 인정받는다.[23]

부족에 따라서는 성년식을 거행하는 소년을 멀리 분리시켜 굶기는 고행을 하게 하거나 소년에게 상처를 가하는 割禮式을 행하거나 신체의 고통을 주기도 한다. 고행의 끝에 부활하는 의식을 행하여 큰 잔치를 베풀기도 한다.

그런데 우리의 삼한시대에도 성년식이라고 부를 수 있는 매우 끔찍한 습속이 있었다. 「위지」(魏志)의 東夷傳에 당시 한족의 사회생활과 관련된 습속에 관해 다음과 같은 기사가 보인다.

관가에서 일이 있을 때에는 성곽을 쌓게 하며, 젊고 용맹하고 건강한 자들이 모두 등가죽에 끈을 꿰뚫어 거기에 곧고 큰 막대기를 매달아 날마다 소리를 지르면서 아픔을 모르도록 단련한다[24]

또한, 「후한서」(後漢書)의 東夷傳에는,

사람됨이 건장하고 용감하며, 소년으로 집을 짓는 자가 있다. 힘을 낼 때에는 끈으로 등가죽을 꿰뚫어서 이를 큰 나무에 붙들어 매고는 "욱!" 하는 소리를 지르면서 잡아당기는 힘겨루기를 한다.[25]

---

23) Paul Monroe, *A Brief Course in the History of Education* (New York: The Macmillan Company, 1929), pp. 3~4.
24) 「其國中有所爲及官家使築城郭 諸年少勇建者 皆鑿背皮以大繩貫之又以丈許木揷之 通日歡呼作力不以痛旣以勸作 且以爲健常」(「三國志」, 魏書, 券三十, 東夷).
25) 「少年有築室作力者 輒以繩貫背皮縫以大木喚呼爲健常」(「後漢書」 卷百十五, 東夷傳).

고 기술되어 있다. 三品彰英은 원시사회의 시설이라는 측면에서 '관가에서 일이 있을 때에 성곽을 쌓게 하며(官家使築城郭)'라는 「위지」의 구절은 합당하지 않고, '소년으로 집을 짓는(少年有築室)'이라는 표현이 적절하다고 하면서, '少年有築室'은 부족의 젊은이 수련소 또는 숙소로서 그들이 이른바 남자집회사(men's house : Männerhaus) 또는 젊은이집회사(Jünggesellenhaus)를 영위하였음을 밝힌 것으로 보고있다.26)

그는 한족의 고대사회에서도 일반적인 부족성년식에서 볼 수 있는 젊은이집회사의 습속이 존재했을 것으로 추측한 것이다. 그는 대만의 고시족, 고대한족(古代漢族)의 남자집회, 일본의 남쪽 섬들 등 한족과 관련이 예상되는 경역에서의 제 민족의 남자집회사 및 그 습속 존부(存否)를 개관하면서, 원시 한족의 경우도 연령서열을 조합구성의 원칙으로 삼고 있는 남자집회의 특성을 지니고 있었을 것을 주장하고 있는 것이다.27)

「위서」나 「후한서」에 나와 있는 위의 기록을 본다면, 원시 한족의 성년식은 다른 민족 못지않게 참혹하고 잔인한 것이었음을 알 수 있다. 이렇게 잔인한 한족의 습속을 어떻게 이해할 수 있을까? 三品彰英에 의하면 미국 인디언 젊은이전사가 행한 고행 중에 이와 유사한 습관을 찾아볼 수 있다고 한다.

그가 산타 페(Santa Fe)시의 뉴멕시코 박물관 — 인디언관계의 미술품 수집으로 유명 — 을 관람했을 때 한 인디언 청년의 기괴한 모습을 그린 유화(그것은 'The Stoic'이라는 표제를 붙인 처참한 느낌마저 드는 그림으로, 한 벌거벗은 청년이 등 근육에 꼬챙이를 꿰뚫어 거기에 두 가닥 끈을 매고 끈 끝에 무거운 들소의 두개골 3개를 묶어서 언덕을 올라가는 모습을 그린 것이다. 그 상처에는 선혈이 낭자하고 창을 짚은 양팔에는 혼신의 힘을 들이는

---

26) 三品彰英, 이원호 譯, 「신라화랑의 연구」(서울 : 집문당, 1995), 18∼19쪽.
27) 위의 책, 17∼43쪽.

지옥의 고행 같은 모습이었다)을 보았으며, 원시 한족의 성년식과 흡사했다는 것이다. 이는 샤프(I. H.Sharp)가 그린 인디언 풍속화로서 그 설명에 의하면, 이는 추장아들의 고행을 그린 것이라고 하며(<그림 II-1> 참조), 이러한 유의 고행은 평원인디언의 성년식에서는 드문 일이 아니라고 한다.

<그림 II-1> The Stoic(뉴멕시코 박물관 소장)

참고로 미주리(Missouri)강 상류에 거주하는 대표적 평원인디언인 맨단(Mandan)족의 일례를 들어 보자. 맨단족은 그 민족문화적 특징으로서는 '태양춤과 고행에 의해 청년전사를 단련시킨다'라고 하는 것이 주목된다는 것이다.

19세기 중엽 인디언 종족들을 8년 간에 걸쳐 관찰, 여행한 캐틀린(G. Catlin)의 보고에 의하면 맨단족 청년이 받은 성년식 고행은 다음과 같이 가혹한 것이었다. 매년 행하는 이 식에는 성년기에 달한 젊은이들이 먼저 무당조합의 성사(聖舍)에 수용되어 나흘 동안 엄격한 감시 하에 음식을 금하며, 또한 몸에 적·황·백의 점토를 바른다. 이어 젊은이들은 성사의 중앙으로 인도되어 거기서 꼬챙이를 가슴과 등의 근육 속에 꽂고 혁대를 그것에 묶어 달아맨다. 거기다 손칼이나 나무막대기를 마찬가지로 위 팔뚝이나, 앞 팔뚝, 넓적다리, 종아리 근육에다 꿰뚫으며, 매달린 몸을 흔들리게 한다. 그들이 마침내 기절하게 되면 땅에 내려놓으나 죽은 것처럼 쓰러져 있어도 전혀 손을 대지 않는다.

그들의 신앙에 의하면, 이 가사상태 동안에는 그들의 생명을 위대한 신령의 보호에 맡겨두는 것으로 마침내 신령이 그들을 소생시켜 걷게 하는 힘을 주는 것으로 믿는다. 이렇게 해서 일어나게 되면 그들은 다시 다음의 의식을 받는다. 가면을 쓴 장로 앞에 나와 왼손 새끼손가락을 자른다. 보다 용감한 자는 신령에 드리는 제물로서 왼손 집게손가락, 오른손 새끼손가락을 자른다. 이렇게 가혹하기 짝이 없는 주된 시련은 끝나지만 이어서 여러 의식의 프로그램이 기다리고 있다고 한다.

이들 보고서에 의하면, 성년식에서 맨단족 청년의 고행에는 종교적 의미가 상당히 함유되어 있음을 쉽게 살필 수 있으나, 그와 동시에 청년들을 훌륭한 전사로서 정신적·육체적으로 단련시킴을 목적하고 있음을 알 수 있다고 한다. 이에 대해 G. Catlin은 '곤궁과 가책의 의식에 의해 젊은이의 근육을 달구고 그 인내력을 최대한 강화시키며, 동시에 추장들은 이 행사를 통하여 육체의 강건성과 인디언 전사가 늘 겪어야 할 궁핍, 고통을 견디는 능력을 판정해서 일조 유사시에 전쟁을 지휘함에 누가 최적임자인가를 결정했다'고 설명하고 있다.

샤이엔 인디언(Cheyenne Indian)간에도 그와 유사한 입신의례가 행해진다. 또한, 북캐롤라이나의 투스카로라 인디언(Tuscarora Indian) 간에도 그들을 수용하기 위해 세운 특별한 막사 안에 젊은이들을 가두고, 시종 암흑 속에 방치하여 거의 움직일 수 없을 정도로 만든다. 그리고 공복상태에 있는 그들에게 각종 자극성 있는 식물을 차례로 씹도록 해서 거의 광란상태에 빠지고 아비규환에 가까운 절규가 터지게 된다. 이어 여러 가지 더러운 오물을 먹는 등의 시련을 통과하게 된다. 시련이 끝나고 막사 밖으로 끌려나와도 며칠 동안 입을 열지 못하며 용모도 바뀌어져 전혀 다른 사람처럼 된다고 한다[28]. 러브(E. M. Loeb)는 '부족성년입신식과 비밀강사'라는 논문에서 소년의 부족적 성년입사식은 하나의 중심에서부터 전파되어 울림관자(bull-roarer)의 사용, 죽음과 부활의 의식, 부족적 상흔(傷痕)을 주는 것 및 신령의 나타남 등으로 특징지워져 있음을 알 수 있다고 한다.[29]

고대사회의 성년의식은 이 밖에 할례(割禮), 발치(拔齒), 반흔(瘢痕), 문신(文身) 등으로 이루어지며, 일정한 연령에 달한 청소년들을 대상으로 심한 고통을 감내하면서 성인으로서 몸과 마음이 거듭나도록 하는 절차를 거치게 된다.

이러한 성년식은 말하자면 소년이 가족의 일원으로 淨化하는 過渡儀禮 그리고 성인으로 즉 사회의 일원으로 부활하는 再統合儀禮가 있는 것이다.[30] 즉, '고난의 당면 → 죽음 → 부활'이라는 과정을 거쳐 완성된다.

고대사회의 성년식은 나름대로 그 사회 집단의 존속과 발전을 위하여 필요한 가치와 의미를 지니고 있다. 교육사가 몬로(P. Monroe)는 성년식의 교육적 가치로 세 가지를 들었다.

요약하면 첫째, 신체적 고통을 참고 견딤으로써 인내와 극기를 배우고, 이를 집행하는 어른에 복종함으로써 성인에 대한 복종과 존경을 배우며, 나아가서 어른을 섬기고 가족을 부양하는 것을 배운다. 이는

---

28) 위의 책, 22~25쪽.
29) 위의 책, 28~29쪽.
30) 이광규, "종교와 의례(儀禮)", 「문화인류학의 세계」(서울대출판부, 1988), 148쪽.

연장자들이 사회를 통제하고 지배권을 계속 유지함으로써 질서와 체제를 유지하기 위한 사회적·정치적·도덕적 의미를 지닌다. 둘째는 종교적 가치를 지니는 데, 성년식을 집행하는 자와 이에 참여하는 사람들이 토템 동물을 표시하고 있거나 성년식과 아울러 행해지는 다양한 의식들이 그 부족의 신앙과 결부되어 있으며, 토템을 중심으로 그들의 종교적 신화가 나타난다. 신화는 이들에게 있어 대자연의 맹위에서 얻은 일체의 지적, 과학적 설명이 포함되어 있다. 셋째는 성년식과 아울러 수렵하는 법, 불을 피우는 방법, 식사준비, 그 외의 생활에 직접적으로 필요한 실제적인 생활교육을 하게 된다. 이들 활동의 주안점은 실제적인 것이라기보다는 종교적인 것에 놓여 있으나, 의식과 관련된 많은 활동의 실제적 의미도 찾을 수 있다.[31]

(2) 한족 성년식의 내용

이제 우리 한족의 성년식을 교육적인 맥락에서 살펴본다면 어떻게 구체화할 수 있을까? 다시 말해 구체적으로 어떠한 절차를 거쳐서 이루어지며, 성년식에 참가했던 당시의 소년들에게 어떤 내용들이 敎化되거나 전수되었을까?

물론 「위서」와 「후한서」에 나와있는 구절 외에는 어떠한 자료도 남아있지 않기 때문에, 성년식의 내용이나 절차는 상징적으로 유추해서 접근할 수 있을 뿐이다. 이런 점에서 李啓鶴의 접근은 매우 의미 있는 작업이었다고 할 것이다. 이계학은 한족의 성년입사식[32]을 단군신화와

---

31) Paul Monroe, 앞의 책, 4~6쪽.
32) 문화인류학자들의 연구에 따르면 소수 원시 미개민족들 사이에는 사회제도의 하나로서 神話와 祭儀에 밀접한 관련성을 가지고 있는 '成年入社式'이란 제도가 있다. 그리고 그것에 후속하는 '成年學校'라는 공식적인 교육제도가 있다. 그들에 의하면 성년식이나 입사식은 그 절차나 내용이 별로 다를 것이 없다. 단지 이 양자 사이에 다른 것이 있다고 하면 그 강조점이 다르다. 성년식

연계하여 파악하고 있다.

이계학에 의하면 성년학교의 교육내용은 실생활에 필요한 실용적인 내용이 아니라 그 민족의 '신화'라는 것이다. 몬로 역시 성년식의 핵심은 실생활의 가치보다 종교적 가치·신화적 가치로 보았음을 기억할 필요가 있다. 이계학은 '성년입사식'의 목적과 절차, 그리고 그 이후에 전개되는 성년학교에서의 교육목적과 내용 등을 보면 한 민족의 신화는 성년입사식의 의식이 언어화된 것이고, 성년입사식의 의식은 그 민족의 신화가 행동으로 구체화된 표현이라고 볼 수 있다는 것이다. 그리고 이러한 등식을 받아들인다고 하면 '단군신화'는 우리의 옛 조상들이 태고의 옛 시절에 성년입사식에서 행했던 의식이 언어화된 것이고, 성년학교에서 가르쳤던 교육내용의 핵심이며, 후세들에게 꼭 전승시켜 주고 싶었던 한국인의 '얼'이 담겨 있다고 하겠다.

즉, 이계학은 성년식의 구체적인 모습을 단군신화와 연계하여 파악하고 있는 것이다. 주지하듯이 단군신화 속에는 사람되기를 기원하는 곰과 호랑이의 모습이 등장하고, 고난의 길고 긴 어둠, 답답한 동굴 속에 갇혀서 환웅이 준 마늘과 쑥을 먹고 삼칠일과 백일의 시련을 겪고서 비로소 사람으로 거듭나는 곰의 모습이 그려지고 있다. 곰의 변신에는 무슨 중요한 의미가 내포되어 있을 가능성이 있다.

이러한 가능성을 생각함에 있어 중요한 지적이라고 여겨지는 것은

은 일정한 연령에 달하여 소년에서 성년으로 넘어 간다고 생각되는 시점을 택해서 일생의 경로 중, 하나의 문턱으로 생각하는 복잡한 의식과 절차를 거행하는 '통과의례'를 강조해서 붙인 이름이고, 입사식은 성년식을 거행한 다음 남성들로만 이룩된 비밀결사나 의례결사, 또는 미혼남성들이 남성가옥에 들어가 일정기간 동안 집중적인 집단교육을 받는다는 의미에 강조점을 두어 붙여진 이름이다. 따라서 이를 통틀어 성년입사식'이라고 부르는 것이다. 이러한 원시 미개민족의 '성년입사식'은 그들 민족이 공유하는 '공적인 교육제도'이다 (李啓學, 앞의 책, 233쪽).

곰이 인간이 되기 위해 햇빛을 보지 않고 마늘과 쑥만 먹은 것을 성숙의 제의, 즉 성년식을 나타내는 것으로 보는 견해이다.[33]

원시 사회의 소녀 성년식에서 묘령에 달한 소녀를 격리·유폐시키고 타부우들을 준수하게 하며 여러 가지 시련을 견디게 하는 것에 대해서는 많은 사례들이 보고되어 있다. 이러한 타부우들 중에는 햇빛을 보지 못하게 하는 것도 있다. 그것은 태양이 회임력을 가지고 있다는 믿음, 또는 소녀의 월경이 생명의 원천인 태양을 오염시킨다는 믿음에서 비롯된 것이라 한다. 그리고 유폐기간이 끝난 다음에야 혼인을 하여 자식을 낳을 수 있는데, 성년식 이전에 자식을 낳는 일이 발생하면 그녀는 악질(bad)로 간주되어 종족으로부터 추방을 당하고, 종족은 이와 같은 불상사를 속죄하는 의미에서 희생제의를 치르는 경우도 있다고 한다.

이러한 점을 생각할 때 곰의 시련과 인간으로서의 변신이 궁극적으로 이야기하고자 하는 바는 시조 단군의 출생이 필요한 모든 절차를 거친 환웅과 웅녀의 합법적인 혼인의 결과임을 말하는 데 있다고 하겠다.[34] 단군신화, 즉 한국인의 '교육의 원형'속에 나타나 있는 인간관과 교육관에 의하면, 천상적인 요소와 지상적인 요소를 동시에 지니고 있는 중간자로서 하늘을 지향하는 존재가 '사람다운 삶'을 실현하기 위해 교육을 필요로 하며, 그 교육은 '자발성의 원리', '지성의 원리', '인고의 원리'와 '각성의 과정'을 거쳐 이루어지는 바, 그 기본적인 교육의 과정은 '고난의 당면 → 죽음 → 재생'으로서 성속변증법이라는 '신비체험'의 과정을 거쳐 완성된다. 이처럼, 이계학은 한민족의 성년입사식의 구

---

33) 金烈圭, "民間散文과 再生의 모티브" 「韓國民俗과 文學硏究」(서울 : 일조각, 1971), 81쪽.
34) 徐永大, "檀君神話의 意味와 機能", 「古朝鮮史와 檀君」(고려학술문화재단 제9회 국제학술심포지엄, 1996), 66~91쪽.

체적인 '교육의 내용'을 단군신화에서 찾았다.

祭儀學派의 관점에 따르면 단군신화는 성년입사식에서 행해졌던 의식의 프로그램, 즉 내용과 절차이고, 그 후에 이루어지는 성년학교에서의 구체적인 교육내용이며, 巫文化의 입장에서 보면 그것은 멋들어진 '나라굿의 한판'이다. 그의 연상을 그대로 옮긴다면 한 민족의 성년입사식은,

① 성년입사식이 행해 질 성소가 비밀한 곳에 마련된다. 즉 굿의 장소가 선정되고, 성화된다.

② 입장신호에 맞추어 호랑이<남성>와 곰<여성>의 형상<가면>을 한 청년들이 "사람이 되게 해주소서!" "사람이 되게 해 주소서!"를 연호하면서 엉금엉금 기어서 입장한다.

③ 풍악을 울리면서 천부인 세 개와 풍백, 운사, 우사 등을 거느리고 환웅 <추장>이 장엄하게 입장하여 본부석을 차지한다.

④ 풍악이 그치면서 엎드려 "사람이 되게 해 주소서!"를 연호하는 젊은 이들을 향하여 환웅이 외친다.

"너희들은 듣거라! 내가 주는 이 신령스런 쑥과 마늘을 먹고 햇빛 없는 동굴에서 100일을 기(忌)하라! 그리하면 신비롭게도 너희들은 사람이 되리라!"

⑤ 성년입사식에 참여한 젊은이들은 엉금엉금 기어 나와서 쑥과 마늘로 된 음식을 받아 가지고 각자 밀폐된 동굴로 기어간다.

⑥ 쓰고 매운 음식을 먹으면서 그 답답하게 밀폐된 어두운 동굴에서 3×7 일을 보낸다.

참지 못하여 뛰어나온 젊은이는 그 곳에서 쫓겨난다.

⑦ 3×7일 후 풍악이 울리면서 청년들은 가면을 벗어버리고, 햇빛이 눈부시는 광장으로 함성을 지르면서 뛰어 나온다.

⑧ 성년입사식을 축복하기 위하여 장만한 음식과 술을 먹고 마시며,

풍악에 맞추어 온 마을의 사람들이 어울리는 축제 속에서 '사람다운 사람'이 된 엑스타시를 맛본다.

⑨ 비밀한 성소에 마련된 성년학교에서 민족신화를 공부하고, 성년입 사식의 제의에서 행해졌던 의식의 내용과 절차와 헌물들이 의미하는 바를 이해하고, 민족의 영웅들의 이야기를 들으며 민족적 자긍심을 갖게 되며, 민족의 얼이 '삶다운 삶', '사람다운 삶'에 있음을 이해하게 된다. 그리고 사람은 저절로 사람이 되는 것이 아니라 쑥처럼 쓰고, 마늘처럼 맵고, 밀폐된 햇빛 없는 동굴처럼 암울한 고난을 참고 극복할 때 신비롭게도 사람다운 사람이 된다는 사람다운 과정을 비로소 이해하게 된다.

⑩ 가족들의 축하 속에서 성년학교를 졸업하게 된다.

이처럼 이계학의 제시한 성년식의 절차 속에는 무속적 굿의 공통된 절차로서의 구조35)에 단군신화의 내용을 접목시켜서 교육적 가치를 생동감 있게 제시하고 있는 것이다.

원시시대의 성년식은 가혹한 신체적 고통을 동반하는 의례로서, 사회체제 유지를 위한 도덕적·사회적 가치, 종교적 가치, 그리고 실생활의 가치를 지니며, 특히 종교적·신화적 가치를 기반으로 하고 있다. 그것은 고난의 직면→죽음→재생의 변증법적 과정을 거쳐서 사회의 떳떳한 구성원, 성인으로 인정해 주는 특징이 있음을 알 수 있다. 그리고 이계학의 접근에서처럼 우리 한족의 성년식은 단군신화의 의미, 즉 동굴처럼 암울한 고난을 참고 극복함으로써 사람다운 사람으로 거듭날 수 있다는 상징의 과정으로 이해할 수도 있다.

---

35) 무속의 형태와 내용은 무속의 종교적 의례인 '굿' 속에 집약되어 있다. 굿의 공통된 구조는 ① 굿 전체가 굿을 행할 장소를 깨끗이 정화하는 부분, ② 신들을 부르는 부분, ③ 신에게 인간의 소원을 고하는 부분, ④ 신의 대답을 듣는 부분, ⑤ 신과 인간이 함께 즐기는 부분, ⑥ 신을 돌려보내는 부분 등으로 이루어진다.

(3) 성년식의 교육적 의의

성년식은 일정한 나이에 달한 청소년들을 대상으로 신체적인 고통과 함께 그 사회의 전통의식에 참여시킴으로써 당당한 사회의 구성원으로 인정해 주는 의식이요, 교육의 가장 원형적인 한 단면을 보여주는 것이다. 그것은 많은 교육철학자들이 지적하듯이, 교육이란 미성숙한 세대들에게 그 사회의 문화유산을 전수하는 것이요, 문화유산 속으로 입문시켜주는 과정으로 정의할 수 있기 때문이다.

오우크쇼트가 말하는 것처럼 인간은 어떤 연고로 삶을 같이하게 된 일단의 사람들 가운데 태어나서, 그 사회의 제도적 살림살이 활동, 즉 行爲傳統에 '참여'함으로써 자신의 삶을 영위해 나가는[36] 것이다. 그런데 한 사회의 행위전통이란 그 구성원들이 오랜 역사를 통하여 자신들의 삶을 영위하는 데 필요한 거의 모든 행동양식, 판단양식, 구체적 처방 같은 것을 포함하고 있고, 새로운 변화에 대응하는 방식, 새로운 기술, 나아가 모든 새로운 지식과 발견의 가능성까지도 그 속에 포함하고 있는 것[37]으로, 先驗的인 것이다.

즉 개개인이 자유롭게 선택하는 것이 아니라 이미 주어진 것으로의 전통적인 문화유산인 것이다. 원시시대의 성년식은 신체적 고통과 함께 그들의 문화의 가장 핵심적인 부분이요 가장 의미 있는 행위전통인 토템신앙의 의식에 입문시켜주는 것이요, 이것이 그들에게는 교육이었던 것이다. 이계학이 한민족의 성년입사식의 구체적인 '교육의 내용'을 단군신화에서 찾았는데, 그렇다면 단군신화란 '사람다운 삶'을 일구어내는 가장 의미 있는 행위전통 그 자체였다는 것으로 볼 수 있다.

성년식이 젊은 세대들을 그 사회의 문화적 전통, 행위전통에 참여시

---

36) 金炳希, "敎育의 先驗的 基盤", 서울대 대학원 박사학위논문, 1995, 3쪽.
37) 위의 논문, 60쪽.

키는 입문식이라면 현재의 공교육이 그것을 대신하고 있는 것이라 할 수 있다. 학교에서 가르쳐지는 敎科, 혹은 知識의 形式은 인간경험, 즉 행위전통을 특수한 양상으로 가르치는 것이라고 할 수 있다. 그러나 우리의 경우처럼 지식중심, 입시위주의 공교육체제가 성년식의 취지에 부합하는 교육활동을 영위하고 있을지 자못 의문스럽다.

필자는 원시 성년식의 의미를 현대에 맞게 복원하고 계승해야 한다고 여기고 있으며 관심을 가지고 있는 편이다. 우리 청소년들이 체격은 옛날에 비해 일등해졌으나 '마마보이'로 표현되듯 갈수록 유약해지는 경향을 보이고 있으며, 바쁜 학교생활 속에서 자신을 점검하고 성인으로서의 독립된 자질을 구비할 수 여유를 갖지 못하는 현실을 고려할 때 더욱 그러하다. 혹자는 현대처럼 역사적으로 계승되어 온 문화유산이 질·양적인 면에서 엄청나게 축적되어 있고, 또 변화하는 정보의 속도와 양태조차 예측하기 어려운 상황에서, 사회적 변화가 거의 '고정적'이었던 원시시대의 성년식의 의미를 복원한다는 것이 무슨 의미가 있단 말인가? 하고 의아해할지 모르겠다.

해답을 찾는다면, 먼저 '지식주입식' 교육으로 한정되어진 우리의 공교육의 한계를 극복하고 보충하는 또 다른 사회 합의적인 '교육절차'로서 새롭게 복원할 필요가 있다는 측면에서 언급할 수 있을 것이다. 시민권의 발달과 함께 쟁취한 공교육은 신분·종교·성별·빈부에 관계없이 모든 국민들에게 읽기·쓰기·셈하기를 위시한 기본적인 지식과 기능은 물론, 시민으로서의 바람직한 자질과 태도, 가치관 등을 체득하게 함을 목적으로 한다고 볼 수 있다.

오늘날 우리의 교육의 모습은 어떠한가? 기본적인 지식과 기능의 연마라는 측면에서는 긍정적인 평가를 할 수 있을지 모르겠으나 시민으로서의 바람직한 자질과 태도, 가치관의 체득과는 거리가 먼 것이 아닌가? 여전히 입시위주의 지식 암기식 교육일변도로 치닫고 있으며,

공교육의 취지와는 무관하게 사교육의 범람과 부담 속에서 인성·윤리 교육은 상실되고 경쟁위주의 교육과 낙오자의 양산이라는 심각한 '위기'를 맞고 있음이 분명하다.

　원시시대의 성년식이 우리에게 주는 가장 큰 의미는 교육의 사회적 의무, 사회적 책무성이라고 생각한다. 교육은 개인적인 차원이 아니라 철저하게 사회적·공공적인 차원의 것이요, 사회구성원 모두가 책임져야 한다는 의미를 다시 한 번 새겨볼 필요가 있는 것이다. 미성숙한 청소년들은 너와 나의 자식, 내 가정의 자녀 일뿐 아니라 우리 모두의 자녀요, 우리 사회의 미래인 것이다. 공교육의 붕괴는 단순히 교육의 붕괴가 아니라 우리 공동체의 붕괴요, 어쩌면 미래 공동체의 붕괴라고 할 수 있다. 교육의 내재적 목적이니, 爲人之學이니, 창의성과 개성존중의 교육이니 하는 논리들과 '교육은 건전한 사회구성원을 양성하는 것에 중점이 놓여져야 한다'는 논리는 대립이나 갈등, 또는 모순의 관계가 아니라 양립하고 포용되며 수렴되는 논리라고 생각한다. 공교육의 붕괴로 대표되는 교육상실의 위기 속에서 성년식을 새롭게 회복하자고 하는 것은 우리 모두가 남의 책임으로, 학교의 책임으로, 교사의 책임으로 미뤄놓았던, 그러나 함께 나서서 적극적으로 관심을 보여야 했던 젊은이들의 '성인으로의 입문'을 전 사회적 관심사로 정착시키자는 얘기가 될 것이다.

　그리고 성년식의 필요성은 무엇보다도 '의례'의 성격과 관련되어 있다고 생각한다. 인간 삶은 결국 儀式의 과정이요, 잘 산다고 하는 것은 관·혼·상·제를 잘 치루었다는 말이 될 수 있다. 이러한 의식들은 우리의 의도에 관계없이 그 자체로 사회적 의미를 함의하고 있는 문화전통이요 행위전통이다. 이런 의례 중 관례만 소홀히 되었다는 것은 젊은이들에게 성인이 되기 위해 삼가고 지켜야 할 준칙이 있음을 알려주지 않은 채 방치하고 있다는 말이 된다. 우리 사회가 젊은이들의 질적인 신분변화를 상기시키지 않은 채 오직 생물학적으로 만 19세, 만 20세가 되었는지 만을 따져 묻는 것이 그들의 삶과 우리사회의 존속을 위해 자연스럽거나 바람직한 것이라는 말인가?

의례를 치른다는 것은 그 자체로 사회적 인정을 받는다는 것이요 그만큼 떳떳하고 당당하게 살아갈 수 있도록 해주는 사회적 의미가 있다고 볼 수 있다. 우리 사회의 구성원들이 성년식을 성인으로 인정해주는 사회적 의례로서 자리잡아 갈 수 있다면 그 교육적 의의는 매우 클 것이라 생각한다. 물론 원시시대의 성년식에서 보여지는 사회적 책임과 의무로써의 의식 - 절차 속에는 '현상유지적', '사회 순응적'인 측면이 강하게 자리잡고 있다. 그 자체로서 교육의 본질적 기능임에는 틀림없겠으나 그것만으로는 부족하다. 교육은 미래지향적인 것이요 의도적인 행위라는 성격을 고려한다면, 우리가 새롭게 복원해서 계승해야 할 성년식은 사회구성원들이 합의해야 할 '바람직한' 공동체 질서에로의 참여가 되어야 한다. 다음에 나오는 시는 성년식을 소재로 다루고 있는 것으로, 현직 교사로 계시는 안차애선생(안양 인덕원초등학교)의 2002년 부산일보 신춘문예 당선작이다.

사냥감을 찾아서

1

배꼽에서 비스듬히 3cm 위쪽 지점을 깊이 맞뚫어
피어싱(piercing)*한다.
생각보다 많은 출혈량은 있었지만
멧돼지 어금니 모양의 둥근 봉 두개를 마주 꽂아
기쁨을 장식한다
바야흐로 성인식이다

어제는 들소 뿔 모양 장신구를
그제는 사슴의 목뼈 모양 링을

며칠 전엔 상아 모양 고깔을

미간에 귓바퀴에 귓불과 입술에 바짝 매달았다

비로소 야생 동물의 더운 피가 쿵쾅거리며 온몸을 뛰어다니고

2

사냥감이야 늘 지천이다

혼다 4기통 오토바이로 시속 100km 남짓 달리다 보면

알타미라 동굴 근처의 바람을 사로잡을 수도 있다

지중해 노래방에서 고래고래 악을 쓰다 느닷없이

오츠크해산 고래 한 마리가 친구 입 속에서 튀어나오는 걸

깔깔대며 잡기도 한다

취향이야 늘 바뀌기도 하므로,

오늘밤엔 늙은 아버지의 가슴 뼈 밑에 숨어사는

느린 곰의 촌스러운 진지함을 새삼 사로잡아

혓바닥에 박고 싶다, 아주 가학적으로

* 눈, 코, 혀, 배 등 신체의 일부를 뚫어 멋을 내는 장식

4. 무속사상의 교육적 의의

무속신앙은 민간신앙에 속하는 것으로서 무당을 중심으로 의례를 행하는 민속적 신앙 즉 무속<巫+俗>이라 할 수 있다. 무속은 노래와 춤으로 하늘과 땅, 신령과 인간이 하나로 융합되어 새로운 생명과 문화를 창조하는 원초적인 종교현상이다. 한국의 세시풍속 등 기층생활문화 속에는 무속적 요소와 특성이 자리잡고 있으며, 지금까지도 민중문화 속에 전승되고 있다. 한국문화를 지층에 비유한다면, 무속은 한국문화의 지핵(地核)으로 자리잡고 있다고 할 수 있겠다.

무속사상은 한국 선사시대부터 고유신앙이요 삶의 양식으로 터잡고 있었으며, 단군신화 역시 무속과 깊이 관련되어 있음을 살펴보았다. 단

군신화에 나타나 있는 인간 중심적이고 현세지향적인 세계관은 무속신앙의 특징이다. 즉, 죽은 조상이나 보이지 않는 신들보다 살아있는 사람들의 복락을 더 중요시하며, '지금', 그리고 '이곳'을 중요시하는 경향을 지니고 있다. 일반적으로 무속적 사유는 인간 중심주의와 현세주의적 경향을 위시해 범신론적 성향, 쾌락주의, 포용성, 집단의 결속성 등을 특징으로 한다.

그런데 무속적 사유는 내세, 그리고 인생과 우주전체를 합리적·체계적으로 접근하려는 관점이 부족한 소박한 세계관·인생관을 지니고 있다는 측면에서 고등종교, 고등사유와 구별되기도 한다. 그리고 주술 중심의 미신으로 무시당하기도 한다. 사실 무속적 사유에는 윤리의식이나 죄와 심판, 내세의 문제 등과 같은 내용이 결여되어있다고(있다할지라도 미미하며) 할 수 있다.

윤리적으로 옳게 산다는 것보다는 사람이 이 세상에서 겪어야 할 절차, 의례를 무사히 통과하는 것을 중시하고 있다. '건강한 삶과 재수'는 한국인의 무속적 인간관을 압축한 것처럼 느껴진다. 건강한 삶이 곧 불로장생을 의미하는 것은 아니다. 사람이 중요한 의례를 전부 무사하게 통과하는데 강조성이 있으나, 목숨을 영원히 연장하려는 사고가 강조되어 있지 않다. 무속에서는 굿에 들이는 비용이 클수록 이익이 커진다고 믿고 있다.

즉 굿은 경제적 손실이 아니고 경제성을 가진 하나의 투자라고 믿는다. 무속신앙에서는 돈에 대한 가치 또는 재물에 대한 가치가 필요의 한도를 넘을 정도로 지나치게 강조되어 있다. 재물에 대한 가치의식뿐만 아니라 삶에 대한 가치도 마찬가지다. 오래 살아서 인생의 통과의례를 거쳐야 하는 것이 강조되는데 반하여, 인생을 살아가는 방법에 대한 가치의식은 거의 의식되지 않았다고 할 수 있다. 무속신앙에도 효도라든지 충성이라든지 하는 도덕이 언급되지 않는 것은 아니지만,

인생을 어떻게 사느냐 하는 것이 그렇게 중요한 문제로는 의식되지 않는 것 같다.38)

그러나 무속의 부정적 측면과 한계 못지 않게 긍정적인 측면을 중시하는 사람들도 많다. 무속에는 자연과 인간의 포용, 타종교와의 자연스런 융합, 집단과 집단의 조화, 인생과 우주에 대한 나름대로의 성찰이 녹아있다는 것이다. 한국인의 삶에 있어서 무속은 가족과 마을 단위, 부족 단위의 집단결속력을 낳는 에너지로 작용하고, 이웃은 물론이요 자연과도 조화롭게 더불어 살아가려는 공생적 인생관을 형성시킨 기반을 제공했다고 할 수 있다.

무속적 제천의례를 통해서 부족의 집단적 결속력을 높였던 것은 주지의 사실이다. 그리고 일제가 마을 단위의 굿이 한국인의 정신적 원형질로서 고래로부터 꾸준히 내려오면서 지역주민의 유대감 형성에 원동력이 된다고 파악하면서 심하게 박해를 가했던 사실도 무속의 집단결속력을 보여주는 대표적인 예라고 할 수 있다. 특히 무속적 사유는 한국교육사상의 기저(基底)로서 긍정적이고 조화적 인간관, 공생적 인간관을 낳는 바탕으로 작용했다. 인간 중심적이고 현세지향적인 특성으로 하여 천상과 지상을 조화롭게 함께 아우르는 세계관을 구성하게 되고 더불어 잘 살려는 인간상을 형성하게 된다. '인간을 널리 이롭게 하는 사람'이란 인간의 생명과 인격을 존중하는 사람이요, 자연의 질서를 수용하면서 인간을 둘러싼 환경과 평화롭게 공존할 줄 아는 어진 사람이라 할 수 있다. 아울러 인생을 즐길 줄 아는 풍류적 기질과 새 생명을 창조하는 에너지 역시 무속적 경향을 떠나서는 이해할 수 없다. 그리고 유교, 불교 등의 고등사유체계를 수용하고 한 차원 높은 한국교육사상으로 꽃피울 수 있었던 것도 무속의 조화적, 포용적인 성향과 관계가 깊다고 할 수 있다.

---

38) 崔吉城, 巫俗에 나타난 宗教儀式, 「韓國思想의 深層硏究」, 43~44쪽.

연구·토의 과제 ...

1. 한국 고유사상으로서 무속적 사유의 특성을 살펴보고, 긍정적·부정적인 측면에 대해 토론해 보자.

2. 단군신화의 교육적 의의를 살펴보자.

3. 원시 성년식을 오늘에 맞게 적용할 수 있는 접목방안에 대해 토론해 보자.

4. 다음의 용어들을 설명해 보자.
   ① 재세이화(在世理化) ② 천부인(天符印) ③ 관혼상제(冠婚喪祭) ④ 대전적(大全的) 세계관 ⑤ 檀君

Ⅲ. 郎家思想과 教育

낭가사상(郎家思想)과 교육

1. 시대적 배경
2. 경당(扃堂)
3. 화랑도

낭가사상(郎家思想)과 교육

1. 시대적 배경

우리의 고대족들은 주거지를 달리하면서도 자신들을 濊 또는 貊으로 자처하였다. 예는 동쪽을, 맥을 밝음을 뜻하고 그 한자는 모두 중국의 차자이디. 따라서 예맥은 東明을, 즉 동쪽에서 환히 비치는 태양의 광명을 말하면서 자기 부족들의 이름으로 사용했던 것이다. 태양이 오르는 동쪽 하늘은 생명의 씨의 근원처로 연상되었다.

그 생명은 매일 아침에 새로워지고 땅과 사람에게 생명을 부여하는 근원적 생명이다. 말하자면 지평선의 지평이란 발상에서 자신들이 동쪽에서 태양의 광명을 받았다고 연상함으로써 자기 부족을 濊貊·朝鮮 또는 韓으로 자처하였다.[39]

고대 한국의 각 부족들은 한반도에 삶의 터전을 이루고 발전하면서 부족국가의 형태를 벗어나 고대국가의 체제를 갖추게 된다. 한(漢) 4군과 대항하면서 그들을 몰아내고 고구려, 백제, 신라의 삼국이 정립되면서 경쟁과 교류의 관계로 체제를 더욱 정비하게 되었다. 삼국은 성쇠를 거듭하며 오랫동안 상호 균형을 유지하였으나, 당나라의 세력을 지원 받은 신라가 668년에 통일을 이룩하였다. 신라의 삼국통일은 내부적으로는 郎家思想을 기초로 한 국민총화에 기인한 것이기도 하였다. 신라에 의한 통일은 비록 대동강 이북의 고구려의 옛 영토의 대부분을 잃은 제한된 통일이긴 했으나, 단일 민족, 단일 문화를 발전시키는 기점이기도 했다.

---

39) 張秉吉, "祭天·祭政에 대한 思想", 「韓國思想의 深層硏究」(서울 : 도서출판 宇石, 1983), 25쪽.

삼국시대는 유교와 불교가 도입되어 전통적인 무속신앙과 낭가사상(郎家思想)이 조화를 이루면서 정치와 교육 문화 전반에 큰 영향을 주게 되고, 윤리의식의 발달과 아울러 정치제도의 발달을 촉진시켰다.[40] 삼국시대의 본격적인 형식교육의 발달은 유교의 수용과 한자의 도입에 크게 힘입게 되었다. 교육전래의 무속신앙에 기초하여 고등 사유체제인 유교, 불교, 도교를 수용함으로써 한 차원 높은 사상의 발달을 낳게 되었다.

사상적으로 볼 때, 삼국시대는 사상의 조화와 융합이 두드러졌던 시기였다. 특히, 상고시대 솟대(蘇塗)제단의 武士, 즉 선비에 기원을 둔 신라의 風流道는 '자발적으로 모여서 서로 배우기에 힘썼던' 삼국시대의 젊은이들의 풍토와 결합하여 주체적인 사상체제로 발달하였다. 낭가사상은 신라인의 '새롭고 깨끗하고 환하게' 살려는 인생관과 사회관에서 유·불·도 삼교의 문화를 수입하여 이것을 和合함으로써 우리 것으로 재창조한 것이다.[41] 크게 보아 고구려의 경당(扃堂)과 신라의 화랑도는 무속신앙에 기초하여 외래문화를 주체적으로 수용하고 이것을 全人的인 敎育의 마당으로 재창조한 것이라 할 수 있겠다.

2. 경당(扃堂)

(1) 고구려의 태학과 경당

고구려는 삼국 중 가장 먼저 고대국가의 기틀을 다졌으며, 중국과 인접하여 일찍부터 한(漢) 문화를 받아들여 유학을 장려하고 이를 숭상했다. 고구려는 강력한 국력과 용맹성을 바탕으로 중국의 수, 당과 어깨를 나란히 경쟁하면서 영토를 확장하고 당시 국제관계의 한 중심축

---

40) 박의수 외, 「교육의 역사와 철학」(서울 : 동문사, 1999), 35쪽.
41) 金敬琢, "하느님 觀念發達史", 「韓國原始宗敎史」(二), 134~135쪽.

으로서 민족의 웅지를 드높였다. 그리고 이러한 고구려의 영광은 그 당시의 교육과도 무관하지 않았다.

기록상 고구려에는 두 종류의 교육기관이 있었다. 한국 최초의 고등 교육기관이요 관학(官學)인 태학(太學)과 사립의 초등과 중등교육기관의 성격을 지닌 경당(扃堂)이 바로 그것이다.

태학은 소수림왕 2년(372) 여름에 설립되었음을 확인할 수 있으나, "태학을 세워 자제를 교육했다(立太學 敎育子弟)"[42]는 짧은 기록 밖에는 다른 기록을 찾아볼 수 없다. 따라서 그것이 중국의 학제를 본받은 것이라는 점을 미루어 추측해 볼 때, 오경(시전·서전·주역·예기·춘추)과 삼사(사기·한서·후한서)가 중요한 교육과정이었으며, 국가의 관리양성을 목적으로 세워졌고, 주로 귀족의 자제들을 교육의 대상으로 삼았을 것으로 생각된다.[43]

그런데 고구려의 태학은 기록의 한계로 자세한 내용을 파악하기 어려울 뿐만 아니라, 그 교육적인 효용가치에 대해서도 부정적인 평가를 받고 있다. "태학이 설치되어 유학의 소양을 가르친 것은 사실이지만 태학이 설치된 후 300년 가까이 지속되면서도 관리 선발이나 인재 등용에 보다 합리적이고 효용성 있는 방식을 마련한 흔적이 없었다. 여전히 5부의 귀족들이 혈통에 따른 특권에 의하여 문무의 모든 관직을 장악하고 살아갔던 것이다"[44]라는 견해는 이를 뒷받침해준다. 좀 더 많은 연구가 지속되어야 하겠으나, 태학이 고구려의 사회발전을 주도적으로 지원해주는 교육기관으로 자리잡지 못했다는 것은 인정해야 한다. 반면에 고구려를 고구려답게 만든 교육기관이 있다면 경당이라고 해야 할 것이다.

---

42) 「三國史記」券第十八, 高句麗本紀 第六, 小獸林王2年條.
43) 박의수 외, 앞의 책, 41쪽.
44) 김기흥, 「새롭게 쓴 한국고대사」(서울 : 역사비평사, 1993), 217쪽.

(2) 경당의 성격

　중국측 자료인 「구당서」(舊唐書)와 「신당서」(新唐書)에 고구려의 경당과 관련한 기록들이 남아있다. 구당서에 의하면, "풍속이 책읽기를 좋아하여 허름한 서민의 집에 이르기까지 거리에 큰 집을 지어 이를 경당이라고 하고, 미혼의 자제들이 여기서 밤낮으로 독서하고 활쏘기를 익힌다. 그들이 읽는 책은 5경과 사기, 한서, 범엽의 후한서, 삼국지, 손성의 진춘추, 옥편, 자통, 자림, 그리고 또 문선이 있는데 그것을 더욱 아끼고 소중히 여겼다"[45]라고 하였다. 여기에서 볼 때 고구려인들은 책읽기를 좋아하는 풍속이 있어서 자발적으로 마을마다 글방으로서 경당을 세웠음을 알 수 있고, 경당은 미혼 자제들을 대상으로 경서를 읽고 아울러 활쏘기를 하는 초등과 중등 수준의 교육기관이었음을 또한 알 수 있다. 여기에서 말하는 활쏘기란 각종 무예를 포함한 신체단련의 전반적인 활동들을 의미한다고 넓게 보아야 할 것이다.

　「신당서」에서도,

> "사람들이 배우기를 좋아하여 외딴 마을의 허름한 집에 이르기까지
> 역시 서로 사랑하고 부지런하여 큰 길가에 모여 큰 집을 짓고 경당
> 이라 불렀다. 미혼의 자제들이 거기 모여서 경서를 암송하고 활쏘
> 기를 익혔다"[46]

라고 기록하고 있다.

　두 기록 모두 고구려인들이 배우기를 좋아하고 책읽기를 좋아한다고

---

45) "俗愛讀書 至於衡門厮養之家 各於街衢造大屋 謂之扃堂 子弟未婚之前 晝夜於
　此 讀書習射 其書有五經及史記 漢書 范曄後漢書 三國志 孫盛晋春秋 玉篇 字
　統 字林 又有文選 尤愛重之"(「舊唐書」 東夷傳 高麗條).
46) "人喜學 至窮里厮家 亦相矜勉 衢側悉構嚴屋 號扃堂 子弟未婚者曹處 誦經習
　射"(「新唐書」 東夷傳 高麗條).

밝히고 있으며, 자발적으로 마을마다 큰 집, 글방을 지어 미혼자제들을 가르쳤음을 밝히고 있다. 이러한 고구려인들의 아름다운 풍속은 우리의 고대인들이 지니고 있던 공통적인 현상이었다. "우리의 고대인들은 배우기에 힘썼다. 어린 시절부터 활쏘기를 위시한 각종 무술 등을 익혔다. 화랑도는 청소년들이 자발적이고 집단적으로 모여 무예와 인간으로서 필요한 여러 덕목들을 배우고 닦는 조직이었다. 고대인들은 무술을 닦는 데만 힘쓴 것이 아니라 글자를 터득하는 일이나 학문에도 힘썼다"[47]라는 견해는 이를 대변한다고 볼 수 있다.

고구려하면 요동과 만주벌판을 달리는 호쾌한 말발굽소리와 용맹한 전사들의 이미지를 떠올리고 있지나 않을지 모르겠다. 그러나 미혼자제들이 서로 모여서 배우기에 힘쓰는 그림을 떠올리기란 쉽지 않은 것 같다. 무술만을 연마하는 데서 고구려의 힘을 찾을 수 있을까? 진정한 고대 강국의 힘은 어려서부터 자발적으로 모여서 경서를 암송하고 각종 무예를 익혔던, 즉 배우기를 좋아하는 귀한 풍속에서 찾아야 할 것이다.

그러면 경당은 고구려 때 처음 존재했던 것일까? 경당의 기원은 명확하지 않은데, 기록에 의하면 화랑도가 그러했듯이 상고시대, 특히 단군조선 시대의 솟대(蘇塗)제단과 관련이 있는 것 같다.

「환단고기」(桓檀古記)에는,

"수두(蘇塗)를 세울 때 늘 戒가 있었는데 '忠·孝·信·勇·仁'의 五常의 道다. 수두 옆에는 항상 扃堂을 세워서 미혼 자제들에게 글 읽기와 활쏘기 말타기와 예절·노래·拳搏(검술 포함) 등 六藝를 가르쳤다. 모든 읍락에는 자발적으로 三老를 모셨는데 삼로는 三師라고도 하였다. 삼로는 어진 덕이 있는 이와 재물을 베풀어 주는 이와 일을 처리할 줄 아는 이를 말하며 모든 사람들이 이들을 스승

---

47) 김기홍, 앞의 책, 151쪽.

으로 섬겼다."[48]

라고 기록되어 있다. 수두 옆에는 항상 경당을 세워 미혼자제들에게 독경과 각종 무술을 포함한 六藝를 가르쳤다는 것이며, 그렇다면 수두 제단을 지키고 있던 무사<선비>들이 그들의 교육을 담당했다고 추측할 수 있다.

혹은 선비들과 함께 어진 덕과 재물이 있으며 일처리가 뛰어나 모든 사람들이 스승으로 여겼던 三老, 三師 등이 교육의 일부를 담당했을지도 모르겠다. 그리고 미혼 자제들에게 글읽기와 활쏘기, 말타기와 예절, 노래, 검술 등의 六藝를 가르쳤다는 기록은, 경당의 교육이 '全人的' 성격임을 보여주는 것이라 할 수 있다. 東洋에서 가장 오랜 전인교육의 형태는 六藝를 배우는 것이라 하겠는데, 이는 禮, 樂, 射, 御, 書, 數를 가리키는 것이었다.

그런데 수두 옆에 항상 경당을 세워서 미혼자제에게 글을 읽히고 각종 무술을 가르쳤다는 「환단고기」의 내용을 본다면, 경당은 신라의 화랑도와 비슷한 청소년집단이요 자발적으로 모이기에 힘쓰는 조직이 아니었나 생각해볼 수 있다.

"13세 단군 흘달(屹達) 20년 무술에 수두를 많이 세우고 天指花<진달래>를 심었다. 여기에서 미혼 자제들에게 글읽기와 활쏘기를 가르쳤는데 이들을 국자랑(國子郞)이라 불렀다. 국자랑이 외출할 때 머리에 천지화를 꽂았으므로 사람들이 천지화랑이라 일컬었다"[49]라는 기록은 경당의 성격이 화랑도와 같은 맥락에서 파악될 수 있는 것이 아닌가 추측하게 한다. 신용국의 연구에서도 이 같은 점을 확인해볼 수 있다. 신용국은 고구려에도 원시적인 청소년집단이 존재했을 것이라는 것, 그들

---

48) 「桓檀古記 1」역주본·장구본(단학회 연구부, 1998), 104~105쪽.
49) 위의 책, 54쪽.

의 집회가 祭鬼神神殿을 중심으로 이루어져 왔을 것이라는 것, 그러다가 불교의 공인과 더불어 제귀신신전의 기능이 개편되었을 것이라는 것, 그리고 국가적 필요에 따라 그 신전은 청소년들의 독서와 무술의 연마장인 경당으로 개편되었을 것이라는 것 등을 가정했다.50)

그는 고구려에는 두 가지 유형의 신전, 하나는 宗廟社稷을 제사하던 신전과, 다른 하나는 귀신 靈星을 제사하던 신전이 있었으며, 후자의 祭鬼神하던 神殿大屋은 佛教를 공인한 후 왕권체제가 대내외적으로 확고해져 있던 장수왕대의 벙양천도(AD. 127)를 전후해서 경당이라는 미혼청소년들의 독서습사소로 그 기능이 개편되었을 것이라고 추정하였다.51) 그리고 "화랑도는 신라의 수도인 경주에서 조직·운영되었지만 다른 지역에서도 이와 유사한 청소년집단들이 있었다는 것이다. 고구려의 경당(扃堂)이라는 지방의 교육기관도 이와 관련된 조직이었다는 견해가 있다"52)는 주장은 이러한 추측을 뒷받침해주고 있다.

(3) 경당의 교육적 의의

첫째, 경당은 책읽기에 힘쓰고 배우기를 좋아하는 고대한국인들의 풍속이 만들어낸 자랑스러운 교육기관이었다. 국가에서 강제하여 세운 교육기관이 아니라 '사람들이 배우기를 좋아하여' 자발적으로 만들어진 교육기관으로서의 자랑스러운 전통을 보여주고 있다.

둘째, 문무가 일치되고 겸비되는 교육을 실시했다는 것이다. 오경과 역사서, 문선 등의 경전을 읽고 암송하며 아울러 활쏘기, 말타기와 각종 무술을 연마하는 문무겸비의 전인교육 도량이었던 것이다.

---

50) 辛容國, "扃堂研究", 「교육사학」(서울대교육사학회 편, 1990), 11쪽.
51) 위의 책, 4~5쪽.
52) 김기홍, 前揭書, 73쪽.

셋째, 최초의 사립교육기관이요 서민들의 미혼자제들을 대상으로 하는 교육기관이었다.

풍속이 배우기를 좋아하여 외딴 마을의 허름한 집에 이르기까지 세워졌던, 경전을 읽고 무술을 함께 연마했던 경당이라는 교육기관은 고구려를, 고대한국을 힘있는 나라로 만들어 낸 뿌리였다. 자발적으로 모여 경당에서 글을 읽고 활을 쏘던 아이들이 성장하여 국가의 기둥이 되었으며, 그 힘이 최강의 수, 당과 당당히 경쟁할 수 있는 자랑스런 고대국가를 일구어 낸 것이다. 경당은 가까이는 신라의 화랑도, 멀리는 서당에 연결되어 자랑스러운 한국교육의 전통이 되고 있다.

3. 화랑도

(1) 한국 정신의 原型으로서의 風流道(徒)

神話와 祭天儀禮 속에는 巫的 儀禮의 자궁 속에서 출생한 한국 정신의 原型으로서 風流道를 확인할 수 있다. 춤과 노래가 곁들여진 난장판의 모티프, 風流는 神話에서 매우 중요한 구실을 하는데 특히 신을 맞이하는 祭儀에서 잘 나타난다. 風流로 말미암아 신과 인간의 연속 일치하는 관계가 형성되며 이와 같은 통로는 각 부족 또는 고대 국가에서 행해졌던 종교적 의식으로 나타났다고 할 수 있다. 고구려의 東盟, 부여의 迎鼓, 옥저의 舞天, 마한의 五月祭 또는 十月祭 같은 祭天의식이 있는데, 이 의식은 風流道로 행해졌다는 것이다. 한마디로 風流란 儀禮는 고대 한국인에게는 神을 영접하는 가장 직접적인 수단이었다고 본다.[53] 그리고 풍류도를 잡아 세워 그 시대의 정치나 사회적 상황에 부응하도록 조직화한 것이 화랑도라고 말할 수 있다. 따라서 화

---

53) 한국철학회, 「韓國哲學史」上, 1987, 137쪽.

랑도는 풍류도의 인간화·사회화·정치화라고 말할 수 있다.[54]

(2) 화랑도의 유래

화랑도의 기원에 대하여 단재 申采浩와 육당 崔南善의 연구가 있었다. 단재는 상고시대 솟대(蘇塗)제단의 무사(武士), 곧 그때에 '선비'라 칭하는 자[55]로서, 고구려에서는 皂衣, 仙人, 신라에서는 미모를 취해 花郞이라고 했다는 것이다. 육당은 '부루교단'이라고 하여, '부루'는 상고시대의 고유한 신앙인 태양숭배 곧 '밝의 뉘(光明世界)'가 변한 말이며, 이 부루가 한자로 적힐 때 풍류라 했다는 것이다.[56] 이처럼 화랑도의 유래는 상고시대로부터 찾을 수 있는데, 특히 솟대(蘇塗)제단과 밀접한 관련을 지니고 있다.

중국의 「三國志」, 魏書의 三韓傳에 보면, "10월에 농사를 마치고 또한 반복해서 이와 같이 하는데, 귀신을 섬김에 國邑에 각각 1인씩을 세워 天神에 주제하고 天君이라 이름하며, 또 여러 나라에 別邑이 있어 蘇塗라 이름하고 큰 나무를 세우고 방울을 달고 북을 치며 귀신을 섬기는데, 그 가운데로 도망 오는 자는 돌려보내지 않는다(十月農功畢 亦復如之 信鬼神 國邑各立一人 主祭天神 名之天君 又諸國各有別邑 名之爲蘇塗 立大木懸鈴鼓 事鬼神 諸亡逃至其中 皆不還之)"라는 기록이 나와 있다.

이 기록에 의하면, 十月에 농사를 마치고 치러진다고 밝히고 있음을 보아, 蘇塗가 농경민의 축제임을 알 수 있으며, 蘇塗 경계 안에서 죄인을 체포하지 않는 정도로 신성시되어진, 祭天과 治政의 절대성이 보장된, 그리고 풍류로써 가무가 행해지고 귀신에게 제사지내는 의례를 베풀었던 신성 지역임을 알 수 있다. 그리고 이 蘇塗에서 제천의례를 담

---

54) 위의 책, 149쪽.
55) 신채호, 「한국사연구초」(서울 : 을유문화사, 1974), 49쪽.
56) 박의수 외, 앞의 책, 45쪽 재인용.

당했던 제정일치시대의 무사들에서 화랑도가 유래했다는 것이다.

죄를 짓고 도망 온 자들을 보호했다는 역할과 관련하여, 蘇塗에 대하여 단순히 종교의례가 행해지는 장소라기보다는 별도의 사회적 기능을 담당했다고 보는 입장도 있다.

마치 성경의 민수기 35장과 신명기 19장에 이스라엘 민족이 이집트 학정으로부터 탈출해 가나안 땅에 정착하는 과정에서 죄를 짓고 도망나온 사람들을 제사장들이 보호하던 도피성이 나오고, 이 도피성이 새로운 변화에 따라 발생하는 문제를 보다 합리적으로 처리해야 할 사회적 필요성에 의하여 변화의 완충장치로서 기능을 담당했던 것과 유사하게 蘇塗가 기능하고 있었다고 본다. 즉 삼한시대에는 청동기사회에서 철기사회로 전환해 가는 과도기, 변동의 와중에서 발생하는 갈등요인(예를 들어 사유재산제가 발전하고 계급관계가 강화되면서 분배를 둘러싼 갈등 등과 같은)을 완충시켜 주는 사회적 기능을 담당했다고 보고있다.[57]

蘇塗와 花郎의 관계에 대해서는 「환단고기(桓檀古記)」에서도 설명되고 있다. 단군세기편에 11세 단군 도해(道奚) 원년 경인에 단군 도해가 5가(五加)에게 명하여 열두 명산들 가운데 가장 훌륭한 곳을 골라 국선수두(國仙蘇塗)를 세우도록 하였으며, 수두에는 단수를 빽빽하게 둘러 심고 그 가운데 가장 큰 나무를 골라 환웅상(桓雄像)으로 모셔 제사지내며 나무를 雄常이라고 이름하였다고 하였다.[58]

또 13세 단군 흘달(屹達) 20년 무술에 수두를 많이 세우고 天指花<진달래>를 심고 여기에서 미혼 자제들에게 글읽기와 활쏘기를 가르쳤는데 이들을 國子郎이라 불렀으며, 국자랑이 외출할 때 머리에 천지화를 꽂았으므로 사람들이 천지화랑이라 일컬었다고 하였다.[59] 이러한 기록

---

57) 김기홍, 앞의 책, 103~104쪽 참조.
58) 앞의 책, 50쪽.
59) 위의 책, 54쪽.

들은 단군 조선 시기에 이미 명산들에 蘇塗를 세워 큰 나무를 桓雄像으로 모셔 제사지냈고 미혼 자제들에게 글읽기와 활쏘기를 가르쳐 國子郎으로 삼았다는 것인데, 國子郎이 곧 花郎과 연결되고 있음을 쉽게 추측하게 한다. 이처럼 화랑도는 風流로서 神을 영접하고 제사지내던 상고시대 蘇塗제단의 武士들, 선비(仙人)제도로부터 유래했다고 볼 수 있다. 화랑도는 처음에는 민간청년애국운동으로서 향토의 청소년중심의 운동에서 자연발생적으로 출발하였으며, 진흥왕 때에 이르러 체계화되었으니, 국가의 방침아래 권위와 신망을 갖추게 되는 것은 진흥왕 37년(576)경이라 볼 수 있다. 「삼국사기」 진흥왕 37년 조에 다음과 같은 기록이 보인다.

> 봄에 처음으로 원화(源花)를 받들게 되었다. 이보다 앞서 군신이 인재를 찾기 힘든 것을 염려하여 생각한 끝에 무리를 모아 함께 교유(交遊)하도록 하고 그 행실을 살펴 등용하기로 하였다. 그리하여 미녀 두 명을 뽑았다. 하나는 남모(南毛)라 하고 하나는 준정(俊貞)이라 한다. 무리를 3백여 명이나 모으더니 두 여인이 서로 시기하여, 준정이 남모를 자기 집으로 유인하여 억지로 술을 권하여 취하게 한 후, 이를 끌어다가 강물에 던져 죽여 버렸다. 이로 인하여 준정도 사형을 당하고, 무리들은 화목을 잃어 흩어져 버렸다. 그후 다시 미모의 남자를 뽑아서 곱게 단장하고 이름을 화랑(花郎)이라 하여 이를 받들게 하니 무리들이 구름처럼 모여들어, 서로 도의를 닦고, 혹은 서로 가악(歌樂)으로 즐거이 노닐며 명산과 대천에 돌아다니며 멀다고 가보지 않은 곳이 없다. 이로 인하여 이들 중에서 나쁘고 나쁘지 아니한 것을 알게되어 그 중 착한 자를 가리어 조정에 추천하게 되었다.[60]

위의 기록에 의하면, 남자 화랑중심으로 정착되기 이전에 여성 화랑으로서 원화가 존재했음을 알 수 있으며, 모계사회에서 부계사회로 넘

---

60) 「三國史記」 券第四, 新羅本紀 第四, 眞興王.

어가는 과정과 관련이 있다고 해석해볼 수도 있다. 신라화랑을 원시한족의 남자집회와 연결선상에서 파악하고 있는 三品彰英은 원시한족의 남자집회에서 여성 화랑을 포함하는 집회에로 변형되어 가다가 국가의 기틀이 갖추어지고 유교도덕이 자리잡는 진흥왕대에 다시 남성중심으로 변한 것으로 파악하고 있다.

즉, 최초 원시한족의 사회는 남방 제민족처럼 오로지 부족의 남자집회사가 있었을 뿐이나, 북방으로부터의 샤머니즘과의 습합 결과 巫女的 기능을 지닌 여성 화랑이 나타나게 되었는데, 젊은이집회에 있음직한 연애사건이 문제가 되어 여성화랑제도가 개혁된 진흥왕대에는 원시부족적인 생활규범이 차츰 중국의 유교도덕으로 바뀌어 간 시대라는 것이다.[61] 그런데 미녀 두 명을 뽑아서 원화로 삼았다거나 미모의 남자를 뽑아서 곱게 단장하고 이를 화랑이라 하여 이를 받들게 했다는 것은 현실과 자연을 중히 여기는 신라인들의 멋스러움과 육체미를 존중하는 경향, 靈肉一致의 경향과 관련이 깊다고 보아야 할 것이다.

그리고 화랑도가 자발적으로 형성된 청소년들의 집단에서 출발했다는 사실을 유념할 필요가 있다. 이것은 비슷한 또래끼리 모여 잘 어울리고 배우기에 힘쓰는 우리 고대 청소년들의 경향을 파악한다면 쉽게 이해될 수 있다. "아이들은 자라는 도중에 비슷한 나이 또래끼리 잘 어울렸다. 또래끼리 모여 사냥을 하기도 하고 무예를 닦기도 하였다. 이것을 사회 국가적 차원에서 지원하고 조직화했던 것이 화랑도인 것이다. 물론 화랑도는 신라의 수도인 경주에서 조직·운영되었지만 다른 지역에서도 이와 유사한 청소년집단들이 있었다"[62]는 견해를 감안한다면, 화랑도가 자연발생적으로, 그리고 자발적인 수양집단으로 출발했음을 쉽게 수용할 수 있다.

---

61) 三品彰英(李元浩 譯),「新羅花郎의 研究」(서울 : 집문당, 1995), 103~104쪽.
62) 김기흥, 앞의 책, 73쪽.

(3) 화랑도의 조직

화랑도는 진흥왕 때부터 체계적 지원·운영되고 조직화되기 시작했다. 삼국유사에 의하면, 진흥왕 때 나라를 흥하게 하려면 반드시 풍월의 도를 먼저 일으켜야 한다고 생각하고, 처음으로 설원랑(薛原郎)을 받들어 국선(國仙)으로 삼았다고[63] 한다. 화랑도는 화랑을 대표하는 최고의 책임자로써 源花, 國仙花郎 또는 風月主라 불리우는 지도자를 중심으로 크게 세 조직으로 구성되었다. 「화랑세기」에 의하면, 화랑도의 상층은 화랑집단이고 그 밑에 중간 조직으로 낭두 조직이 있고, 그 밑에 낭도 조직이 있었다고 되어있다.[64] 지도자인 상층의 화랑집단은 귀족출신이었다. 중간 조직인 낭도나 하층 조직인 낭도들의 경우 일반 평민의 자제들도 포함되어 있었을 것이다.[65] 화랑도는 12·3세의 俊傑한 眞骨 및 大族巨門의 외모가 수려한 귀족자제들로 이루어져 화랑조직을 이끌어 나갔다. 특히 최고의 지도자인 풍월주는 매우 정치적인 위치였으며, 왕이 되기도 하고 왕의 교체에도 영향을 미치는 등 국가 정치세력 판도의 중심에 위치해 있는 위치였다. 그리고 화랑들과 국민들로부터 존경과 총망을 받는 최고의 위치이기도 했다. 다음의 <표 Ⅲ-1>은

---

63) 「三國遺事」, 彌勒仙花 未尸郎 眞慈師. 이재호(역), 「삼국유사(중)」(명지대 출판부, 1974), 270~271쪽.

64) 김대문(이종욱 역주해), 「화랑세기」(서울 : 도서출판 소나무, 1999), 23~24쪽.

65) 三品彰英은 신라의 화랑집회는 진골출신의 화랑을 받들어 진골이하 4두품에 이르는 골품에 속하는 계급출신의 청년에 의해 결성되어지며, 그 속에 평민은 포함되지 않았던 것으로 보고있다(앞의 책, 55쪽). 그러나 하나의 화랑을 중심으로 수백, 또는 수천의 무리들이 따랐다는 기록들을 고려한다면 신라전체의 인구수와 비율 등을 보아도 모두가 귀족자제들이었다는 논리는 분명 무리가 있다. 신라의 화랑도가 사상 면에서의 조화·융합은 물론 계층 간의 화합을 이룩할 수 있었던 장점을 지니고 있었기에 삼국통일을 달성하는 에너지로 작용할 수 있었다고 보아야 한다.

「화랑세기」에 나타난 화랑도의 조직을 나타낸 것이다.

<그림 Ⅲ-1> 화랑도의 조직

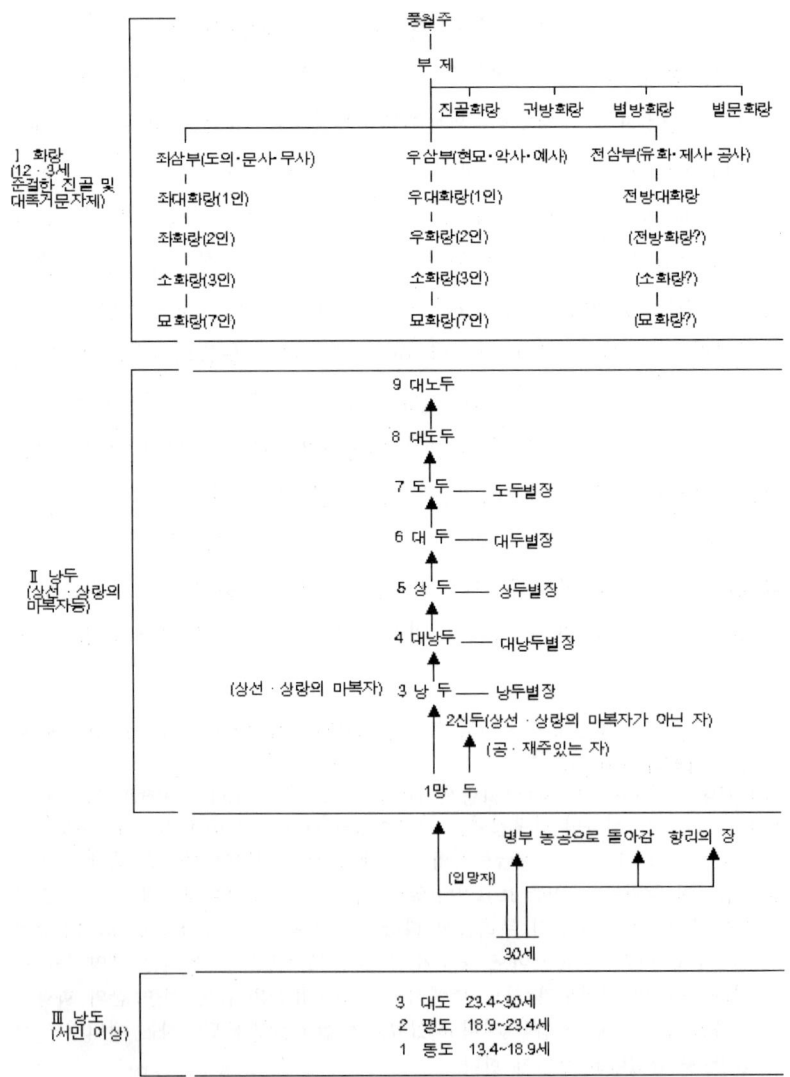

(4) 화랑도의 사상

신라 삼국통일의 견인차였던 화랑도를 제대로 이해하기 위해서는 화랑도들이 수양지침으로 삼았던 정신을 살펴보아야 한다. 그리고 한국사상의 맥락에서 차지하는 사상사적 특징도 밝혀볼 필요가 있다.

화랑도의 사상을 점검하기 전에 신라통일의 기틀이 확립되기 시작한 6, 7세기의 신라사회는 전통사상인 무속신앙과 외래 사상으로 수용된 유교, 불교, 도교사상 등이 대립과 갈등을 조절하면서, 저절하게 調和를 이루면서 정착되어지는 특징을 보이고 있음에 주목할 필요가 있다. 불교가 왕실과 귀족들의 지원을 받고, 화랑도의 정신세계에 있어서 막대한 영향을 기치고 있었으나, 巫俗的 성향과 결합하는 특성이 강하게 나타난다. 한문서적과 함께 수용되어진 유교 역시 孝, 弟, 忠, 信의 道義를 깨우치는 일상윤리의 한 축으로 자리잡기 시작했다. 이러한 경향을 기초로 하여 먼저, 세속오계와 세 가지 미행을 살펴보고, 최치원의 '난랑비서문'의 내용을 검토해 보자.

① 수양지침으로서 世俗五戒

주지하듯이 世俗五戒는 귀산과 추항이라는 두 화랑이 당나라에서 유학하고 돌아온 圓光法師를 찾아가 받은 화랑도의 수양지침이다. 원광은 불가들이 지켜야 될 계율과 구분하여 속세인들이 마땅히 힘써서 지켜야 할 5가지의 계율을 제시한다. 세속오계는 불가의 계율과는 달리 원광이 仁王經, 恩重經, 阿含經 등에서 각각 忠, 孝, 信의 골자를 뽑고 殺生觀을 첨가한 것이다.

사군이충(事君以忠), 사친이효(事親以孝), 교우이신(交友以信), 임전무퇴(臨戰無退), 살생유택(殺生有擇)의 5 가지 계율을 보면 임금을 모시는 신하요 백성으로서, 어버이를 둔 자식으로서, 그리고 친우를 사귀는 젊은

이로서 마땅히 지켜야 할 도리이며, 전쟁터에 나가야 할 무사로서 목숨을 걸고 지켜야 할 사내다운, 장수다운 지침이었다고 할 것이다. 불가의 냄새가 느껴지는 것은 생명체를 자비로 대해야 한다는 살생유택의 가르침 뿐이라 생각된다.

화랑도들은 세속오계를 그들의 집단생활과 사회생활 속에서 실제로 지키고자, 그리고 그 정신을 구현하고자 힘써 노력했다. 사다함과 관창, 김유신 등의 故事를 조금만 살펴보아도 화랑도들이 세속오계의 삶을 구현하고자 얼마나 힘썼는지를 쉽게 확인해볼 수 있다. 그리고 화랑도가 신라인들의 정신적 지주였듯이 세속오계는 화랑도는 물론 전 국민들의 삶의 지침으로 작용했을 것이라 판단된다. 이는 "교우이신의 끈끈한 내용은 단순히 화랑도의 수련생활에 국한된 것만이 아니었다고 보인다. 세속오계는 7세기 신라인들이 일상생활에서 지키고 있던 도리였다고 여겨진다"[66)는 견해에서도 확인해볼 수 있다.

② 세 가지 아름다운 행실

『삼국유사』에 다음과 같이 행실이 아름다운 세 사람의 이야기, 세 가지 美行이 나온다.

> 경문왕의 이름은 응렴(膺廉)이며 나이 열여덟 살에 국선이 되었다. 나이 스무 살에 이르자 헌완대왕은 낭을 불러 궁중에서 잔치를 베풀고 물었다. "낭은 국선이 되어 사방에 돌아다녔으니 무슨 이상한 일을 본 일이 있는가?"
> "신은 행실이 아름다운 사람 세 명을 보았습니다."
> "그 이야기를 들려주게."
> "남의 윗자리에 있을 만한 사람이면서도 겸손하여 남의 밑에 있는 이가 그 첫째이옵고, 세력있고 부자이면서도 옷차림이 검소한 이가 그 둘째요, 본래 귀하고 세력이 있으면서도 그 위세를 보이지 않는

---

66) 김기흥, 앞의 책, 342쪽.

이가 그 셋째였습니다."

왕은 그 말을 듣고 낭의 어짊을 알았으므로 자기도 모르는 새 눈물
을 떨어뜨리며 말했다.

"나에게 두 딸이 있는데 낭의 시중을 들게 하겠네".67)

왕을 감동시킨 국선화랑 응렴의 세 가지 아름다운 행실의 골자는 위
세와 부를 뽐내지 않는 겸손함이요 검소한 생활자세라 할 수 있다. 즉,
㉠ 상급자의 겸양, ㉡ 부자의 검약, ㉢ 특권층의 위세를 부리지 않는
것으로, 화랑집회가 목표로 하는 넉목의 일단을 알 수 있다.68) 국선화
랑의 어진 판단과 인식이 모든 화랑들이 지니고 있었던 것이라고 단정
할 수 없다. 그러나 세 가지 아름다운 행실은 귀족중심의 화랑들이 일
반백성들에게 일방적으로 위화감을 느끼게 하고 분리되는 것이 아니라
존경받는 대상이요, 구심점으로 지지될 수 있었던 까닭의 한 단면을
보여주는 것이다. 아울러 화랑도의 집단생활 가운데서 행실과 인품을
판단하여 자기들끼리 인재를 국가의 벼슬에 추천하는 추천의 기준, 행
실의 기준이 무엇인지를 추측해볼 수 있겠다.

③ 신바람 나는 심미적 놀이문화와 도덕성의 조화

「삼국사기」에서 최치원이 증언하고 있는 화랑도의 성격을 살펴보면,
화랑도의 낭가사상이 한국사상사의 중심을 차지하고 있다는 것을 확인
할 수 있다. 최치원이 쓴 '난랑비서문'의 내용은 다음과 같다.

우리나라에 玄妙한 道가 있으니 풍류라 한다. 그 풍류도를 설치한
근원은 仙史에 자세히 기록되어 있다. 그 풍류도는 실로 三敎를 내
포하고 있고, 모든 생명체와 접촉하여 그것들을 생기있게 변화시킨
다. 또한 집에 들어간즉 어버이에게 효도하고, 나아간즉 나라에 충
성하니 이것은 孔子의 가르침이요, 無爲之事에 처하여 행동하고 말

---

67) 앞의 책, 259~260쪽.
68) 三品彰英, 앞의 책, 164쪽.

만 앞세우지 않음은 老子의 가르침이요, 모든 악행을 짓지 않고 모
든 선행을 받드니 이것은 釋迦世尊의 敎化다(國有玄妙之道 曰風流
設敎之源 備詳仙史 實乃包含三敎 接化群生 且如入則孝於家 出則忠
於國 魯司寇之旨也 處無爲之事 行不言之敎 周柱史之宗也 諸惡莫作
諸善奉行 竺乾太子之化也).69)

풍류도, 화랑도에 대한 최치원의 설명 중 저자가 밑줄 친 包含三敎,
接化群生, 玄妙之道를 중심으로 화랑도의 사상을 검토해 보자.

㈎ 무속신앙과 儒·佛·仙의 融合

최치원은 풍류도가 儒佛仙 三敎를 포함하고 있다고 밝히고 있다. 유
교의 측면에서는 가정에서 부모에게 효도하고 나아가 국가에 충성을
다하는 공자의 가르침을, 불교의 측면에서는 모든 악행을 짓지 않고
모든 선행을 받들어 행하는 석가모니의 가르침을, 도교의 측면에서는
일을 일부러 꾸미거나 말만 앞세우지 않고 실천을 중시하는 노자의 가
르침을 포함하고 있다는 것이다.

'난랑비서문'은 화랑도의 정신, 즉 낭가사상이 쇠퇴했던 신라말기의
회한을 간직하고 불운하게 한 시대를 방랑했던 유학자의 높은 역사
적·사상적인 안목이 드러나고 있다. 최치원의 주장 속에는 고구려 보
장왕 때 연개소문에 의해서 주도된 도교의 수용 시점을 볼 때, 통일전
의 화랑도들에게도 유·불과 같은 비중으로 도교의 영향을 받았다고
볼 수 있겠는가의 문제점 등이 없는 것은 아니나, 풍류도가 지닌 포섭
과 융합의 정신을 밝혔다는 점에서 탁월하다고 평가할 수 있겠다. 무
속신앙을 토대로 하여 유·불·도 사상을 유기적으로 섭취하고 융합시
켰던 풍류도, 낭가사상의 풍토 속에서 유교니, 불교니, 도교니 하는 사
상적 갈등이란 무의미한 것이었다. "佛像들이 처음 들어오자 절을 세
워 大雄이라 일컬었는데 이것은 승도들이 옛 풍속을 물려받아 그대로

69)「三國史記」新羅本紀 眞興王條.

일컬은 것으로 본래 僧家의 말은 아니었으며 또 이르기를 승도와 儒生들이 모두 郎家에 예속되었다 하니 이로써 알 수 있는 것이다"[70]라는 기록은 풍류도의 융합정신을 나타낸 것이라 할 수 있다.

(나) 접화군생(接化群生)

접화군생이란 '모든 생명체와 접촉하여 그것들을 생기 있게 변화시킨다'는 풍류도의 감정적 범주를 나타내는 것이요 生成論理的인 가치관을 제시한 말이다. 춤과 노래를 곁들인 난장판의 모티프는 신화에서 매우 중요한 구실을 한다. 그것은 神을 맞이하는 제의에서 잘 나타난다. 풍류 곧 가무가 행해질 때 신과 인간과의 실질적인 연속, 일치관계가 형성되며, 이와 같은 관계 현상은 <神明> 또는 <神바람>이라고 명명하기도 한다. 이와 같이 풍류를 통한 신과 인간의 일체감(一體感), 인간과 인간 사이의 유대감(紐帶感)을 형성하게 되고 마침내 하나의 영감으로 휩싸이게 된다.[71] 한가위나 東盟 등 國中大會 및 의식에는 공통적인 성질을 담고 있으니, 그것들은 모두 종교적인 의미를 지닌 祭天大會였고, 또 <神바람>을 불러일으키는 음식가무(飮食歌舞), 음주가무(飮酒歌舞)의 놀이였다. 또 필요에 따라 노동, 군가 등을 위하여 단결을 고취하는 회맹(會盟)의 성격도 지녔으니, 이처럼 놀이를 통하여 신바람을 진작하는 생활체험은 고대사회에서 중요한 의미를 지닌다고 한다.[72]

모든 생명체와 접촉하여 이들을 감화시킨다는 접화군생의 정신은 세계의 그 어느 민족보다도 일찍이 한민족에게서 자연적으로 발생했던 것이며, 이는 國祖 檀君神話에서 나오는 '홍익인간'의 정신에서 유래한 것이라고 보려는 견해가 강하다.[73]

---

70) 「桓檀古記1」, 135쪽.
71) 「韓國哲學史(上)」, 138~139쪽.
72) 위의 책, 14쪽.
73) 한국철학회 편, 앞의 책, 156쪽.

"고대 한국인의 人本思想을 보다 현실적으로 구현할 수 있었던 것은 신라의 花郞徒였다고 본다. 花郞徒가 지닌 風流的 인간상이라고 할까, 풍류를 체험한 화랑도의 인간상이라고 할까, 이와 같은 고대 한국인의 인간상의 주체성에는 <참>을 사랑하고 <멋>을 좋아하며 <조화>를 發現하는 능력을 지니게 됐던 것이다. 이들 참과 멋의 調和性은 어디까지나 생명에 근원한 참이었으며, 생명에 근원한 멋이었으며, 또한 생명에 근원한 조화였다. 이와 같은 인간상을 조성하기 위해서 취해진 화랑도들의 가장 중요한 수양 방식은 서로 도의를 닦는 것, 시와 음악을 즐기는 것, 명산과 대천을 찾아다니며 즐기는 것 등이었다".74) 한국인들은 일찍부터 자연 속에서 大生命力을 체험함으로써 天과 地의 요소가 한 몸에 化育되고, 인간의 진정한 생명을 위하며 대중을 위하는 인간상을 존중했다. 이와 같은 生成의 論理를 체득한 인간이 참된 風流人이요, 接化羣生의 의미라고 할 수 있겠다. 이처럼 風流는 歌舞를 행하면서 神과 실질적인 연속, 인간들간의 유대를 형성하는 신바람 나는 大生命力 형성의 놀이로서, 샤머니즘(Shamanism)에 뿌리를 두고 있다.

고대 한인들은 풍류를 통해, 즉 신바람 나는 음식가무의 놀이를 통해 生成의 힘을 얻어서, 상하계층간의 위화감과 서로에의 미움과 원망 등을 해소하고 진정한 일치를 이루었을 것이다. 이성으로 해소할 수 없는 감정적인 화해를 이루면서 동류애, 부족애 등 일체감을 회복했을 것이다. 그리고 신라의 화랑도는 그 어느 집단보다 풍류의 정신을 삼국통일을 위한 에너지로 승화시키는 데 성공하였다고 볼 수 있다.

㈐ 현묘지도(玄妙之道)

풍류도는 말로는 무어라 쉽게 표현할 수 없는 기묘한 이치, 신묘한 정신이 있다는 것으로, 현묘지도란 풍류도의 정신적 측면을 나타낸 표

---

74) 위의 책, 156~157쪽.

현이라 할 수 있다. 풍류도의 현묘한 정신이란 무엇인가? 풍류도의 현묘한 정신을 추측해 보기 위하여 「삼국유사」에 나와있는 노힐부득(努肹夫得)과 달달박박(怛怛朴朴)의 고사(故事)와 만파식적(萬波息笛)의 고사를 살펴보기로 하자.

만파식적에 관한 신화적 고사는 현묘지도를 이해하는 실마리를 제공할 수 있는데, 내용은 다음과 같다.

신라의 중흥주인 문무대왕의 아들 신문왕 때의 일이다. 왕이 부왕의 은덕을 기리기 위하여 동해에 감은사(感恩寺)라는 설을 세웠다. 그런데 어느 날 갑자기 동해 가운데 小山이 있어 감은사로 향하여 떠오기 시작하였다. 파도에 따라 그 산이 왕래하기에 왕이 기이하게 여겨 일관에게 점치게 하였다. 일관에 의하면 선왕이 해룡이 되어 삼한을 진호(鎭護)하고 또 김유신공은 33천의 한 아들로 지금 하강하여 대신이 되었다. 두 성인이 덕을 같이 하여 수성(守成)의 보물을 내려주시려 하니, 만약 폐하가 바닷가에 나가시면 반드시 측량할 길이 없는 큰 보배를 얻게 되시리라는 점괘가 나왔다. 왕이 기뻐하여 그 달 7일에 이견대(利見臺)에 나아가서 부산(浮山)을 바라보고 사람을 보내 살펴보니, 산세가 귀두(龜頭)와 같고 위에는 한 줄기 대나무가 있는데, 낮에는 둘이 되고 밤에는 합하여 하나가 되었다.…왕이 감은사에서 묵고 있는데, 이튿날 오시에 대가 합하여 하나가 되며 천지가 진동하고 풍우가 일어 7일이나 어둡더니, 그달 16일에 이르러서야 비로소 바람이 자고 물결이 평온해졌다. 왕이 배를 타고 거기에 가니 용이 검은 옥대를 받들고 와서 바쳤다. 왕이 영접하여 같이 앉아, 이 산과 대가 혹 나누어지기도 하고 혹 합해지기도 하는 것이 무슨 까닭이냐고 물으니, 용이 대답하기를, 비유컨대 한 손으로 치면 소리가 없고 두 손으로 치면 소리가 나는 것과 같으니, 대란 물건은 합한 연후에야 소리가 나는 법이다. 성왕이 소리로써 천하를 다스릴 상서이니 이 대를 취하여 피리를 만들어 불면 천하가 화평할 것이다 하였다. 왕이 돌아와서 그대로 피리를 만들어 월성(月城) 천존고(天尊庫)에 보존하였는데, 이 피리를 불면 가뭄에는 비가 오고 비올 때는 날이 개이며, 바람이 가라앉고 물결도 평온하여졌다. 그래서 이 피리를 이름하여 〈만파식적〉이라 하였다".75)

이 만파식적의 신화적 고사가 암시하는 이상형은 "비유하건대 한 손으로 치면 소리가 없고 두 손으로 치면 소리가 나는 것과 같으니 대란 물건은 합한 연후에야 소리가 나는 법이다. 성왕이 이 소리로써 천하를 다스릴 상서이니 이 대를 취하여 피리를 만들어서 불면 천하가 화평해지리라(比如一手 拍之無聲 二手拍則有聲 此竹爲物 合之然後有聲 聖工以聲理天下之瑞也 王取此竹 作笛吹之 天下和平)"로 요약될 수 있다.

두 손뼉이 맞아야 소리가 나고 그래서 화평한 인간관계의 질서가 삶의 체험에서 이룩된다는 정신이 풍류도의 이상이요, 현묘지도일 것이다. 오늘날에도 그대로 적용될 수 있으니, 문무의 조화, 경제와 도덕의 조화, 도시문화와 농촌환경의 조화, 기업주와 노동자와의 조화, 지식인과 대중의 조화, 이성과 감성과의 합일, 남자와 여자와의 화평, 국민과 관료와의 화해 등이 그렇다. 이처럼 화랑도는 만파식적의 고사가 잉태하는 상징체계의 이상형에 따라 ① 문무의 화평, ② 도의정신과 놀이생활과의 화평, ③ 현세주의적 삶의 형식과 종교적 신앙과의 화해 등을 하나의 규범적 가치체계로 여겼고 실천하였다76)고 할 수 있다.

만파식적에서 확인된 현묘지도의 의미를 볼 때, 이른바 화랑도 속에는 도덕정신과 심미적 놀이생활의 묘합이 성공적으로 성숙되어 있음을 이해할 수 있다. 즉 <신바람>과 <멋>이 있는 놀이와 절제와 규율이 있는 도덕성이 마치 예악의 평형처럼 거기에 전개된다. 놀이와 도덕이 두 날개처럼 펄럭이기에 도덕이 경직화되지 않고 또한 심미적 놀이가 타락되지 않는 것이다.77) 이러한 풍류도의 현묘지도의 사고가 깃든 고

---

75) 「三國遺事」萬波息笛.
76) 韓國哲學會,앞의 책, 24~25쪽.

사 하나를 살펴보자.

신라 성덕왕 때에 노힐부득과 달달박박이라는 두 젊은이가 있었다.
세속적인 성공을 꿈꾸며 단란하게 살다가 〈수심안양(修心安養)〉하
여 불가에 귀의할 생각을 품게 되었다. 수도하기 3년이 채 못되어
어느 날 밤에 20살쯤 된 묘하고 아름다운 여인이 먼저 달달박박의
암자로 찾아와서 하룻밤 잠자리를 청하였다. 이에 박박은 "사찰은
청정을 주로하므로 너는 가까이할 곳이 아니다. 지체하지 말고 가
라"하고 문을 닫고 들어갔다. 거기서 쫓겨난 그 여인은 다시 부득
의 암자로 갔다. 부득은 "네가 이 밤에 어디서 왔느냐?"고 물었다.
그녀가 대답하기를 "심연함이 태허와 한 몸이니 어찌 왕래가 있겠
습니까? 다만 어진 선비의 지원이 깊고 덕행이 높음을 듣고 장차
도와 보살을 이루어 드리려 할 뿐이오." 이에 부득은 "이 땅은 부녀
가 더럽힐 데가 아니다. 그러나 중생에게 순응하고 따름이 또한 보
살행의 하나이다. 하물며 계곡에 야음이 짙으니 소홀히 볼 수 있겠
는가?"하고 그녀를 맞아들인 부득은 그녀가 해산하는 것을 도와 주
고 알몸으로 목욕하는 일도 거들어 주었다. 그런데 그녀가 목욕하
는 물이 금빛으로 변하자 노힐부득이 매우 놀라니, 그녀는 부득에게
그 금빛 물에 목욕하기를 권한다. 부득이 그 물에 목욕하자마자 홀
연히 정신이 맑아지면서 미륵불로 성불하였다. 성불하자 그녀는 관
세음보살로 변하여 사라졌다. 한편 박박은 부득이 그녀를 맞이하여
파계하였으리라 짐작하고, 비웃어 주리라고 생각하고, 이튿날 동이
트자 부득의 암자에 가 보니 그는 이미 미륵불로 정좌해 있었다.
이에 박박도 그 까닭을 알고 탄식한다. "내가 마음에 장애가 있어
요행히 대성을 만났으니 대우하지 못하였다(我乃障重 幸逢大聖 而
反不遇)". 이에 박박도 부득이 하고 남은 목욕물에 몸을 담그니 성
불하여 아미타불이 되었다. 그래서 두 성인이 손잡고 〈上求菩提 下
化衆生〉한 다음에 구름을 타고 가버렸다고 한다.78)

---

77) 위의 책, 26쪽.
78) 위의 책, 39~40쪽 재인용.

이 설화는 도덕적으로 方正하기만 한 박박보다 원만하게 융화할 수 있는, 한 마디로 圓融한 사람됨을 지니고 있었던 부득을 높이 평가하고 있다. 그러면서도 두 성인이 손잡고 <上求菩提 下化衆生>한 다음에 구름을 타고 가버렸다는 것으로 끝이 나는 것을 볼 때 <方圓의 조화>를 이상형으로 설정하였음을 알 수 있다. 「삼국유사」에 등장하는 삼국시대의 모든 설화는 方圓의 조화가 한국인의 이상형으로 그려졌고, 또 그 조화에 균열이 갔을 때는 민족사의 자기결정 역량과 창조력이 수축된다는 것을 암시한다고 한다.[79]

이처럼 만파식적의 고사, 그리고 노힐부득과 달달박박의 고사를 통해서 볼 때 풍류도의 정신은 조화와 융합의 새로운 창조와 같은 것이라 할 수 있겠다.

토착적인 무속적인 사유를 토대로 하여 외래의 고등사유들을 융합시켰던 풍류도는 균형과 평형을 이루면서 상극적인 요소들을 원용하게 조화시켰던 것이다. 문과 무가 균형있게 조화를 이루고, <신바람>과 <멋>이 있는 놀이와 절제와 규율이 있는 도덕성이 조화를 이루는 묘합의 원리였던 것이다.

그런데 무속적 사유를 기반으로 단순히 유·불·선을 조화시켰다는 수준에 머무는 것이 아니라 한 차원 높은 사상으로 새롭게 창조해 낸 것이다. 사실 무속은 노래와 춤으로 하늘과 땅, 신령과 인간이 하나로 융합되어 새로운 생명과 문화를 창조하는 원초적 종교현상으로 창조적 특성이 있다.

즉 홍익인간의 정신을 계승하면서 세속오계와 세 가지 아름다운 행실 등에 나타난 것처럼 도덕적 이성도야를 자발적으로 실천함은 물론, 유·불·선을 창조적으로 조합함으로써, 정서적 심미성과 도덕성을 균

---

79) 위의 책, 41쪽.

형 있게 아우르는 묘합의 정신이라고 할 것이다. 그러므로 '현묘지도'라고 할 수 있는 것이다. 이러한 묘합의 정신과 삶은 신라가 삼국을 통일하는 큰 힘으로 작용하였다고 할 수 있겠다.

(4) 화랑도의 교육

화랑도는 풍류도의 정신을 교육적으로 구체화하였다. 화랑도는 자발적으로 형성된 교육두레이기도 했다. 신라 삼국통일의 토대가 되었던 화랑도의 교육은 참으로 자랑스러운 우리의 교육전통으로 여겨지고 있다. 화랑도의 교육목적은 지·덕·체가 조화롭게 계발된 애국적인 사회지도자를 양성하는 것이었다고 볼 수 있다. 화랑도는 평소에는 사회의 지도적 인물을 양성하는 수양단체였으며, 유사시에는 국가를 위하여 초개같이 목숨을 바치는 애국적 전사집단이었다.

화랑도의 교육과정은 지적인 것은 물론 정의적이고 활동적인 것을 두루 겸비하는 내용이었다. 화랑도의 교육과정과 관련하여, "무리들이 구름처럼 모여 들어, 서로 도의를 닦고, 혹은 서로 가악으로 즐거이 노닐며 명산과 대천에 돌아다니며 멀다고 가보지 않은 곳이 없다(徒衆雲集 或相磨以道義 或相悅歌樂 遊娛山水 無遠不至)"라는 「삼국사기」의 기록을 참조할 수 있다.

화랑도들은 무엇보다도 도의에 힘썼는데, 五常(仁義禮智信)과 六藝(禮·樂·射·御·書·數), 三師(戒·定·慧), 六正(布施·持戒·忍辱·精進·禪定·智慧) 등 유교와 불교의 사상을 폭넓게 배웠음은 물론, 도덕과 이성을 도야하여 만민이 흠모하는 높은 인격을 갖추기 위해 세속오계와 세 가지 아름다운 행실 등을 생활 속에서 실천했다고 할 수 있다. 특히 忠·孝·信·勇·仁의 덕목으로 대표되는 세속오계는 가정생활, 사회생활, 국가생활은 물론이요, 침략자에 대한 대항에 있어서나 동서 고금의 어느 민족을 위해서도 보편타당성이 있는 근본적인 생활덕목의 집약이라 할 수 있는 것으로서[80] 화랑도의 수양지침으로 존숭되었던 것이다. 화랑도들이 자발적으로 도의에 힘썼다는 증거는 임신서기석의 맹세를 통해서도 확인해볼 수 있다. 임신서기석에서 두 화랑이 시경, 서경, 예기 등의 유교 경전을 학습할 것을 맹세하고 있는데, 이로 볼 때 화랑도는 지식교육으로서 오경삼사 등을 통해 유교적 교양을 쌓았음도 알 수 있다.

첫째, 유사시를 대비하여 전사로서 무예를 힘써 익혔을 것이니, 칼쓰기, 창쓰기, 활쏘기, 말타기, 달리기, 팔매질, 씨름 등을 학습했을 것이다. 김대문이 화랑세기에서 "뛰어난 將師와 용감한 군사가 이로 인하여 생겨났다"고 밝히고 있음을 볼 때 화랑도들이 얼마나 무예에 힘썼는가를 추측해 볼 수 있다.

둘째, 정서의 도야에 필요한 시와 춤과 음악 등을 자연스럽게 배웠을 것이다. 솟대제단의 후예로서 음주가무로써 신명나게 놀기도 하고 정서를 순화하기 위해 시와 음악을 학습했을 것이다. 풍류를 알고 즐길 줄 아는 신바람과 멋의 교육이 이루어졌다고 판단된다.

셋째, 전국의 名山과 大川을 두루 돌아다니며 심신을 단련하고 직관을 도야했으며, 호연지기(浩然之氣)를 길렀을 것이다. 그들은 아무리 멀어도 명산과 대천을 중심으로 국토순례를 계속하면서 조국에 대한 자긍심, 국토의 아름다움을 체험하게 되었을 것이다. 좀 더 구체적으로 화랑집단이 유오한 곳을 살펴보면 주로 경주부근은 물론이고 강원도 일대와 동해안이었다. 「삼국사기」에는 강릉과 동해의 汀際, 경주부근을, 「동문선」에는 총석정의 사선봉과 금란굴, 삼일포의 석총과 사선정, 그리고 영랑호, 경포대, 한송정, 월송정 등지를 두루 돌아다녔다고 말하고 있다. 또한 정선의 그림에도 화랑도들이 돌아다닌 총석정이 나오

---

80) 한기언, 「한국교육철학의 구조」(서울 : 을유문화사, 1977), 53쪽.

는 것들을 볼 때 관동팔경을 중심으로 한 동해안을 주로 유람하면서 심신을 연마하고 호연지기를 키웠을 것이다. 또한 이 지역은 강원도 북부에 있는 고구려, 말갈과 접하는 경계지대로서 군사상 중요성도 있었을 것이다. 이 곳에서 지리 조사와 아울러 전쟁에 있어서 고난을 체득하는 상무적인 훈련도 받았을 것이다.[81] 이처럼 명산대천을 순례하는 여행은 일종의 신체적 훈련이자 직관교육이었으며 국토에 대한 사랑과 애국심을 키우는 교육이기도 했다.

(5) 한국 고대의 全人 像('선비'로서 화랑도)

앞에서 논의한 것처럼 화랑도의 교육은 주체적이고 자발적인 전인교육이라고 할 수 있다. 화랑도의 교육은 지적인 것은 물론 정의적이고 활동적인 것을 두루 포괄하는 교육과정으로 구성되어 있다. 화랑도는 자발적으로 모여서 도의에 힘쓰고 전사로서 무예를 힘썼으며, 시와 춤 음악 등을 통해 신바람과 멋의 정서의 함양에 힘썼다. 아울러 전국의 명산대천을 두루 여행하면서 심신을 단련하고 직관을 도야했으며 호연지기를 길렀다. 화랑도는 이성연마 정서함양, 그리고 신체의 단련을 통해 심신 모두 조화롭고 전면적으로 발달한 교육적 이상형으로서의 전인이었던 것이다.

그런데, 전인으로서 화랑도는 상고시대 '선비'의 정신을 계승한 '선비'라고 명명할 수 있다. 이러한 사실은 한국철학사 분야의 연구에서도 이미 밝혀진 바이기도 하다. 보통 우리는 '선비'라 하면, 조선조의 유교교육을 받은 엘리트라고만 좁게 해석하려는 경향을 가지고 있지만, 한국사상의 원류를 따져 보면 선비의 개념은 저 고대사회의 <두레>에서부터 <접화군생>과 <현묘지도>의 두 측면을 이상적으로 잘 살리는

---

81) 손인수, 『신라 화랑도의 공간』(서울 ; 문음사, 1996), 116~121쪽.

(인물)<몰 옴>의 개념으로 해석되어야 함을 깨달을 수 있게 된다. 그리고 그 선비는 오직 남자의 세계에만 적용되었던 것이 아니고, 여자 두레(한가위, 원화도)의 경우에 여자의 <몰 옴>에게도 해당되었던 것으로 보인다.82) 「삼국유사」에서도 진흥왕이 良家의 미염(美艶) 낭자(娘子)를 선택하여 原花로 받들고 무리를 모으게 하여 거기서 선비를 선택하였고, 그들을 孝悌忠信으로 가르치게 했다는 기록83)이 나온다. 여자의 무리 가운데서 선비를 선택하였음은 곧 여자 두레의 <몰 옴>을 일컫는다고 보아야 한다.84)

신채호는 상고시대 솟대(蘇塗)제단의 무사(武士), 곧 그때에 '선비'라 칭하는 자로서, 고구려에서는 皂衣, 仙人, 신라에서는 미모를 취해 花郎이라고 했음을 밝혔으며, 風流徒 · 風月徒 · 수도 敎徒 · 花郎徒, 고구려의 皂帛徒 등을 모두 <仙人> 또는 <先人>이라고 기록한 까닭은 선비 개념의 音譯이라고 하였다. 그래서 그는 檀君을 한국 제일의 첫 선비라고 일컫기도 한다.

「삼국사기」 고구려본기 동천왕조에서도 '평양은 본래 선비 한배검(단군왕검)의 고향'(平壤本仙人王儉之宅也)이라고 밝히고 있다. 좌우간 <仙人> 또는 <先人>으로 표기되는 선비는 본디 原型에 있어서 고대사회부터 두레에 있어서 <접화군생>과 <현묘지도>의 의미를 이상적으로 활용하는 인물(몰 옴)이라고 할 수 있다.85)

이러한 지적들을 정리한다면, '선비'란 고대사회부터 각종 두레에 있어서 멋과 신바람이 있는 생기 있는 놀이문화를 즐길 줄 아는 風流를 구비하면서도 도덕적으로 方正한, 즉 圓融한 인격을 갖춘 인물이라고

---

82) 한국철학회, 앞의 책, 28쪽.
83) "(王)又天性風味 多尙神仙 擇人家娘子美艶者 捧爲原花 要聚徒選士 敎之以孝悌忠信 亦理國之大要也"(「三國遺事」 未尸郎條).
84) 한국철학회편, 앞의 책, 28쪽.
85) 위의 책, 같은 쪽.

할 수 있다. 그리고 이러한 선비란 바로 무속적 뿌리 위에 유·불·선을 조화롭게 수용하고 도덕성과 함께 심미성을 두루 갖춘 전인으로서 화랑도라는 것을 쉽게 유추할 수 있을 것이다.

연구·토의 과제 …

1. 경당의 성격과 교육적 의의에 대해 정리해 보자.

2. 화랑도의 유래와 조직에 대해서 정리해 보자.

3. 화랑도의 사상을 접화군생과 현묘지도를 중심으로 정리해 보자.

4. 화랑도의 교육을 검토하고, 현대적 의의를 논의해 보자.

5. 화랑도에 반영된 고대의 선비상을 정리해 보자.

6. 다음의 용어들을 설명해 보자.
   ① 낭가사상(郎家思想)
   ② 솟대제단
   ③ 육예(六藝)
   ④ 호연지기(浩然之氣)

Ⅳ. 韓國 佛敎의 展開와 敎育
한국 불교의 전개와 교육

1. 시대적 배경
2. 불교사상
3. 불교의 한국적 발전
4. 불교교육사상과 한국불교의 과제

Ⅴ. 한국 불교의 전개와 교육

1. 시대적 배경

한국 불교는 삼국시대부터 전래되어 토착화되고, 통일신라시대와 고려시대를 거치면서 민중의 삶 속에 깊이 뿌리를 내리게 된다. 고구려는 소수림왕 2년(372)에, 백제는 고구려보다 13년 뒤인 침류왕 원년(384)에 중국을 통해 불교가 전래되었으며, 신라는 비교적 늦은 편으로 눌지마립간(訥祇麻立干 : 417~458) 때 고구려로부터 불교가 전래되었다. 그런데 귀족들은 새로운 종교를 받아들이는데 처음에는 적극 반대하였음을 볼 수 있다. 그들에게는 적어도 종래의 신앙체계로 보아서 불교가 신앙의 대상이 될 수 없었을 것이다. 그들의 조상과도 무관하며 자신들에게 익숙한 하늘에 있는 존재도 아니며 그렇다고 산천에 임재해있던 신에 대한 신앙도 아닌 것이다. 따라서 이들은 당연히 불교의 공인을 반대하게 되었을 것이다.[86]

특히 토착신앙의 풍토가 강했던 신라의 경우 이차돈의 순교에서 보듯이 반발이 컸다. 삼국은 모두 갈등을 겪으면서 고구려는 고국양왕 말년(391), 백제는 아신왕 즉위년(392), 그리고 신라는 진흥왕 5년(544)에 이르러서야 제대로 공인되고,[87] 자리잡게 되었다.

그러면서 조화와 융합의 정신이 뛰어났던 삼국인들은 종래의 무속사상에 기반하여 불교를 수용하고, 사회의 안정과 왕권강화의 일환으로 활용하게 된다. 아울러 護國佛敎의 특성을 견지하게 된다. 한국 불교는 위대한 종교교육사상가인 원효(元曉)를 거쳐, 그리고 고려조의 의천(義天)과 지눌(知訥), 보우(普愚) 등을 거치면서 和諍과 和合을 지향하는 불

---

86) 김기홍, 「새롭게 쓴 한국고대사」(서울 : 역사비평사, 1993), 110쪽.
87) 최광식, "고대국가 제사의 역사적 의의", 343~344쪽.

로 발전하게 된다. 고려조는 불교의 융성기로 政敎는 물론 일반인의 신앙으로 확고부동한 위치를 잡게 된다. 조선조에는 숭유억불(崇儒抑佛) 정책에 의해 중앙정계에서 밀려나 山間叢林에서 명맥을 유지하고, 임란과 병란 시 국가수호에 앞장서는 등 권력과 부에서 소외되면서 오히려 종교적 순수성을 지니게 된다. 불교는 고등 종교요 사유체계로서 한국 고대와 중세정신을 한 차원 고양시켰으며, 예술과 교육적인 측면에서도 적지 않게 기여를 하게 된다.

불교사상은 심오하고 난해한 측면이 있으므로, 불교일반에 대한 기본적인 이해가 요구된다. 그러므로 한국 불교사상과 교육의 관련성을 살피기 앞서서, 불교사상의 핵심적인 요소를 검토해볼 필요가 있다.

2. 불교 사상

(1) 불교의 개념

불교는 삶의 고통에서 벗어나 열반의 세계에 이르기 위한 싯달타 (B.C. 466 ~ B.C. 386으로 추정됨)의 깨달음과 가르침에서 그 기원을 찾을 수 있다. 佛敎란 부처의 가르침과 사상, 또는 깨달은 자의 가르침으로 일반적인 사상을 의미한다면, 佛法이란 종교적, 신앙적 차원을 의미한다고 생각할 수 있다. 불교는 모든 위대한 사상체계가 그렇듯이 '인간의 마음'을 닦고 다스리는데 일차적인 관심을 두고 있다. 법구경(法句經)에서 "모든 악행을 짓지 않고 모든 선행을 받들어 행하며 그 뜻을 스스로 정결케 함이 바로 불교다(諸惡莫作 諸善奉行 自淨其意 是諸佛敎)"라고 밝혔듯이, 고정되지 않고 감정에 오염되지 않는 마음의 지평을 열고자 하는 사상체계라고 할 수 있겠다. 싯달타의 이름과 관련하여 어원적으로 볼 때 부처(Budhata)는 Budha(覺)와 ta(者, 것)의 합성어로 '깨달은 사람'을 의미한다고 할 수 있다.

그리고 싯달타(Siddhartha)는 Siddha(성취)와 artha(목적)의 합성어로 '목적을 이룬다' 함을 함축하는 의미인 것이다. 또한 석가모니(釋迦牟尼: Sakiyamuni)란 Sakiya(종족, 가족성을 의미) 종족, 집안의 muni(聖人)이란 뜻을 나타낸다.

석가모니는 29세에 수행을 시작하여 35세에 깨달음, 도를 이루었으며, 80세에 입적하였다고 전하여 지며 그의 가르침을 初傳法輪이라 한다. 석가모니는 인간의 무한한 가능성을 체험하고, 생명의 실상을 깨닫고, 자연과 인간과의 올바른 관계를 수립함으로써, 아름다운 宇宙調和의 노래를 불렀다고 평가할 수 있다.[88]

석가모니 思想의 核心은 自我의 實相 認識, 카스트제의 타파, 인류의 本源的 平等으로 정리할 수 있다.[89] 그런데 모든 위대한 종교와 사상은 창시자의 가르침을 이론화하고 심화시킨 제자들에 의해 틀이 잡히고 알려지게 마련인 것처럼, 용수(龍樹, Nagarjuna, A.D. 150~250)라는 걸출한 제자에 의해서 집대성되고 중국과 한국 등에 널리 전래되게 된다. 먼저 불교의 주요사상을 살펴보자.

(2) 불교의 주요사상

① 삼법인(三法印 혹은 四法印)

삼법인이란 세 가지의 확인된 진리 또는 세 가지 진리의 성격, 특성이라는 뜻으로, 제법무아(諸法無我), 제행무상(諸行無常), 일체개고(一切皆苦)를 말한다. 여기에 열반적정(涅槃寂靜)을 포함시켜 사법인이라고도 한다.

㈎ 諸法無我

여기서 諸法이란 일체의 대상이요, 我란 실체적인 我, 참된 주재자인 Atman을 말한다. 그러므로 제법무아란 일체의 대상 속에는 참된 주재

---

88) 김정환, 「교육철학」(서울 : 박영사, 1989), 284쪽.
89) 위의 책, 285쪽.

한국 전통불교와의 교육

87

자로서 我, 실체적인 내가 있을 수 없다는 것이다. 인간의 오온(五蘊: 5
가지로 구성된 인간 요소)에도 我는 없다. 즉, 色, 受(감수성), 相(상념, 개념,
표상), 行(의사, 구성력, 의지적 경향성), 識(순수한 의식)의 어느 요소에도
참된 我가 들어 있지 않다는 것이다. 이러한 것을 깨닫지 못한 체 내
가 남보다 우월하다(勝)거나 못하다(劣)고 여기는 것은 모두 잘못된 有
我見일 따름인 것이다.

그러므로 제법무아는 우리에게 속박과 집착의 상태에서 벗어나 참된
자신에로의 전환을 촉구하고 있다. 너 자체로 너의 길을 가라는 것이
요, 어떠한 외부적 소유에도 의지하지 말라는 가르침인 것이다.

(나) 諸行無常

여기서 諸行이란 변화하는 존재로서 현상법(有爲)을 의미한다. 이 세
상의 모든 것은 한 순간도 정지하지 않는다. 모든 것이 생성과 파괴를
가져오는 생멸(生滅)의 변화를 지속하고 있다. 인간의 生老病死는 막을
수 없는 것으로 無常하며, 고로 괴로운 것이다. 변화하는 인간의 삶은
'春日鷄鳴 秋日犬哭'과 같은 시구처럼 비관적이며 무상한 것이다.

제법무아는 한 마디로 반성이 없는 삶에의 집착을 경계하는 가르침
인 것이다.

(다) 一切皆苦

일체개고란 모든 것이 다 괴롭고 고통스럽다는 것이다. 제법무아이
며 제행무상인 고로 괴로울 수밖에 없는 것이다. 인간의 오온(五蘊), 십
이처(十二處) 그리고 십팔계(十八界)의 일체현상의 법(존재, 관계, 모든 것
의 양상)이 모두 고통스러운 것이다.

인간의 육체적, 감각적인 고통(苦苦)이나 파고와 손실에 의한 번뇌와
노쇠, 실망의 정신적인 고통(壞苦), 그리고 일체현상의 고통(行苦) 등 깨
닫지 못한 미망(迷妄)의 존재양상이 모두 괴로운 것이요 고통스러운 것
이다. 다시 말해 낳고(生苦), 늙고(老苦), 병들고(病苦), 죽는 고통(死苦)은

물론이요 사랑하는 이와 헤어져야 하는 괴로움(愛別離苦), 싫어하는 이와 계속 만나야 하는 괴로움(怨憎會苦), 반복해서 희구하나 얻지 못하는 괴로움(雖復希求而不得苦) 등 다 괴로움이요 고통인 것이다.

일체개고는 깨닫지 못한 인간의 지각, 감각기관 대상의 전체적 작용이 옹색하거나 지나쳐서 집착 없이 자연스럽게 나타나지 못하고, 영원치 않은 것에 연연하고 집착하는 것을 경계하는 가르침인 것이다.

⑷ 涅槃寂靜

여기서 涅槃이란 정글과 같은 번뇌(煩惱)를 끊어서 없애버린다는 의미이다. 그러므로 열반적정이란 정글과도 같은 번뇌를 끊어버림으로 참된 평안, 가장 높은 인격의 실현을 가져온다는 것이다. 그런데 모든 번뇌는 탐욕(貪慾)과 성냄(瞋志), 그리고 어리석음(愚癡)에서 비롯되므로, 탐(貪)·진(瞋)·치(癡)의 번뇌의 요소를 없애므로(滅盡시키므로) 가능한 것이다. 번뇌는 정글과도 같이 마음에서 생겨나 우리의 삶을 어지럽히고 어리석음의 구렁텅이로 몰아세운다.

그러므로 탐욕이 없고(慈), 성내지 않으며(悲), 우둔하지 않는(智) 수양의 실천을 통해서 번뇌를 끊어야 한다. 아니, 「열반경종요(涅槃經宗要)」에서 원효(元曉)가 "斷煩惱者 不名涅槃 不生煩惱 乃名涅槃"라고 말한 것처럼 번뇌를 끊는 것으로는 부족하며 번뇌자체가 일어나지 않아야 참된 열반이라 할 수 있을 것이다.

열반은 그 수준에 있어서 육신을 지닌 체 열반에 이르는 유여열반(有餘涅槃), 세상을 떠나 열반에 이르는 무여열반(無餘涅槃), 그리고 모든 사람의 불성에 존재하는 자성청정열반(自性淸淨涅槃)도 있으며, 나아가 생사에 머물지 않고 변화와 집착을 벗어나며 속세와 윤회에도 머물지 않는 大慈大悲한 인격을 실현하여 下化衆生에 힘쓰는 무주처열반(無住處涅槃)으로 구분하기도 한다.

② 사성체(四聖諦)

四聖諦란 4 가지 성스러운 진리라고 할 수 있는데, 苦聖諦, 集聖諦, 滅聖諦, 道聖諦를 이름이다.

(가) 苦聖諦

중생의 삶이 곧 괴로움이다. 諸法無我, 諸行無常이므로 일체의 행위가 苦이다. 고성체는 집성체의 결과이며, 미혹됨, 어리석음(迷)의 결과를 나타낸다.

(나) 集聖諦

이러한 괴로움은 애착에 의해서 생겨난다. 집성체는 미혹됨(迷)의 원인을 나타내는데, 12연기(緣起)를 통해서 볼 때 苦의 원인은 무명(無明)과 갈애(渴愛)라고 할 수 있다.

(다) 滅聖諦

깨달음을 통해 무지와 집착에서 벗어나면 괴로움이 다 없어진다. 멸성체는 도성체의 결과를 나타낸다.

(라) 道聖諦

깨달음에 이를 수 있는 방법과 원인으로서, 八正道에 의하여 멸성체를 이루게 된다.

불교는 인생을 苦海로 여기고 이 괴로움을 극복하기 위한 방법으로서 八正道를 제시하고 있다. 八正道는 正見, 正思惟, 正語, 正業, 正命, 正精進, 正念, 正定이다.

㉠ 正見 : 불편부당(不偏不黨)한 중도의 진리를 직관하는 관점.

㉡ 正思惟 : 중도의 생각, 극단을 피하는 오염되지 않는 청정한 사유.

㉢ 正語 : 바른 말을 의미하며 妄語(남을 속이는 말), 兩語(이간질 시키는 말), 綺語(교묘한 현혹의 말) 등을 하지 않음.

㉣ 正業 : 올바른 행위. 不放逸의 행위, 탐·진·치를 버리는 행위.

구체적으로는 살생을 삼가고(不死生), 도둑질하지 않고(不偸盜), 음행하지 않고(不邪淫), 거짓말을 일삼지 않고(不妄語), 술취하지 않는(不飮酒) 등의 행위.

ㅁ 正命 : 바른 생활 또는 바른 생활을 할 수 있는 마음으로 올바른 생각과 언어, 그리고 행실을 포괄적으로 생각함.

ㅂ 正精進 : 나날의 새로운 노력, 끝까지 밀고 나가는 노력.

ㅅ 正念 : 바르게 생각하는 것으로, 다른 것에 마음이 쏠리지 않는 마음.

ㅇ 正定 : 완전한 집중, 禪, 一心境性.

이러한 팔정도를 쉽게 표현하면 다음과 같다.[90)]

도를 얻으려면 여덟 가지 행을 닦아야 한다.

첫째는 마음을 다하여 여래의 가르침을 듣고, 둘째는 애욕을 버려 갈등을 없애며, 셋째는 살생과 도둑질과 음행 같은 것을 저지르지 않고, 넷째는 속이고 아첨하며 나쁜 말로 꾸짖는 일을 하지 않으며, 다섯째는 질투하고 욕심내어 남들이 믿지 않는 일을 하지 않고, 여섯째는 모든 것이 無常하고 苦이며 無我임을 생각하며, 일곱째는 몸의 냄새나고 더럽고 깨끗하지 않음을 생각하고, 여덟째는 몸에 탐착하지 않고 마침내는 흙에 들어갈 것이라고 아는 것이다.

③ 12연기(十二緣起)

緣起는 因緣緣起의 약자로서, 因은 직접적 이유, 緣은 간접적 이유를 말한다. 緣起란 因과 緣으로 생성・윤회하는 현상계의 존재양상을 설명해 준다.

그런데 緣起는 모든 것이 '相依해 生起(dependent origination)한다'는 관계성의 논리로서 존재양상의 윤회를 설명한다.

___
90) 불교성전편찬회, 「불교성전」(동국역경원, 1972), 78쪽.

12연기는 무명(無明), 행(行), 식(識), 색(色), 육처(六處), 촉(觸), 수(受), 애(愛), 취(取), 유(有), 생(生), 노사(老死)이다.

(가) · 無明: 무지. 지혜가 없음

· 行: 인간의 경향성, 身, 意, 口의 3 가지 행위 또는 그 경험의 집적이 만든 경향성

무명과 행은 과거의 두 가지 원인을 설명하는 것으로 생각할 수 있다.

(나) · 識: 추리, 상상, 판단하는 의식판단의 의식주관

· 色: 물에 대응하는 의식의 대상

· 六處: 인간의 여섯 가지 감각기관으로 眼, 耳, 卑, 舌, 身, 意.

· 觸: 접촉

· 受: 감각에 의해 받아들이는 감수작용

식, 색, 육처, 촉, 수는 현재의 5 가지 결과를 설명한다고 할 수 있다.

(다) · 愛: 목마른 듯한 집착, 맹목적인 사랑

· 取: 맹목적인 격정, 강한 취사

· 有: 애, 취에 의한 선악이 쌓여 지어낸 그 결과적 존재

이 애, 취, 유는 현재의 3가지 원인으로 볼 수 있다.

(라) · 生: 유에 의해 새로운 양상을 만들어 냄

· 老 · 死: 어찌할 수 없는 절망의 상태

생과 노사는 미래의 두 가지 결과라고 여길 수 있다.

12緣起를 이해함에 '無明에 緣由하여 行이 있으며(行 is conditioned by 無明)' 하는 식으로, 즉 無明→ 行→ 識→ 色 … → 老死 식으로 접근할 수도 있다. 그러나 그런 접근보다는 無明과 行을 과거의 두 가지 원인으로, 識, 色, 六處, 觸, 受는 현재의 다섯 가지 결과로, 그리고 愛, 取, 有는 현재의 세 가지 원인으로, 生, 老死를 미래의 두 가지 결과로 이해하는 것이 12연기를 전체적으로 볼 수 있다고 여겨진다.

이러한 관점에서 볼 때, 과거의 무지와 잘못된 경향성이 오늘날 우

리의 의식과 감각기관, 감수작용 등을 왜곡시켜서 올바른 판단을 흐리게 하고 감각기관과 감수작용을 유혹과 미혹에 쉽게 빠져들게 만든 것이다. 그리고 현재의 목마른 듯한 애착과 격정, 그것에 의한 결과가 미래의 우리의 생을 절망의 상태로 만드는 것이다.

12연기 중 無明과 愛가 모든 괴로움을 잉태하는 요인임을 알 수 있다. 無明이 지성적 동기라면, 愛는 감성적 동기라고 할 수 있겠다. 결국 12연기는 苦란 渴愛와 無明에서 발생한다는 것을 보여주는 것이다.

연기는 극단에 빠지지 않고 인과관계를 전체를 관찰할 수 있는 관점을 제시해 준다. 모든 인간의 존재양상은 과거와 현재, 그리고 미래를 통해서, 관계성에 의해 만들어지는 것이다.

우리가 무지하지 않다면 잘못된 경향성에 빠지지 않을 수 있으며, 목마른 듯한 애착을 벗어날 수 있다면 실제로 비윤리적인 관계의 美色을 취하지 않을 수 있으므로, 잘못된 업을 짓지 않을 수 있는 것이다. 모든 존재양상은 관계적인 것이다. 연기는 서로 상호간에 조건을 가지고 있으며, 이 조건은 상대성이며, 바로 이 상대성을 깨달았을 때 연기적 관계를 초극할 수 있는 것이다. 그리고 바로 이러한 관점에서 연기는 中道思想, 中觀思想과 맥을 같이 한다. 연기는 전생의 환생이니 윤회니 하는 유기체적 생성보다는 존재양상의 윤회성을 전체적으로 보여준다고 할 수 있겠다.

④ 중도(中道)사상

中道(中觀)사상은 龍樹에 의해서 체계화되는데, 「반야경(般若經)」에서 새롭게 찾아낸 것이라고 한다. 般若思想은 空의 사상이요 中道의 사상이요 緣起의 사상이다. 중도사상은 다음과 같은 八不中道論으로 표현할 수 있다.

不生亦不滅 不常亦不斷 不一亦不異 不來亦不去

生滅, 常斷, 一異, 來去는 인간의 8 가지 인식범주이며, 모든 지식이란 이 8 범주로 엮어짐을 알 수 있다. 그런데 여기서 由生故滅, 由滅故生이다. 생의 멸, 멸의 생이지 생, 멸 자체는 실체적으로 존재하지 않는 것이라는 것이다. 즉 상생의 관계성인 것이다. 중도는 연기이다. 연기란 상호간에 뗄 수 없는 相生的 조건을 가지고 있고, 이 조건은 상대성이며, 이 상대성을 깨달았을 때 인생의 존재양상인 연기적 관계를 깨달을 수 있다. 그리고 집착을 벗어나 그 연쇄적, 관계적 고리를 끊고 (滅) 번뇌를 일으키지 않을 수 있는 것이며, 삶의 고해에서 벗어날 수 있는 것이다.

불교는 인간의 괴로운 존재양상을 규명하고 마음의 주체적 깨달음 통해서 집착과 번뇌에서 자유로운 부처를 지향한다.

불교의 형이상학은 모든 존재는 다 덧없는 것이라는 實相論, 모든 존재는 因果律에 의해서 생성·소멸한다는 緣起論, 초자연적 주술적인 신앙을 배제하는 인간탐구, 苦行·供儀的 儀式을 배제하는 명상·좌선의 방식, 불살생 자비 등의 사랑의 개념에 터한 삼라만생 중생의 宇宙的 救援과 情意를 바탕으로 하는 박애, 人生은 知的으로는 轉迷開悟(眞), 情的으로는 離苦得樂(美), 또 意的으로는 止惡修善(善) 등으로 짜여져 있다.[91]

3. 불교의 한국적 발전

(1) 초전불교(初傳佛教)의 국가적 전래(삼국시대)

불교가 중국에서 전래할 무렵(A.D. 4세기)에 삼국의 왕들의 성이 모두 바뀌게 된다. 고구려는 解씨에서 高씨로, 백제는 解씨에서 扶餘씨

---

91) 金東華, "佛教의 教育思想", 「教育의 哲學的 理解」(한국교육철학회편, 배영사, 1971), 233쪽.

로, 그리고 신라는 朴씨에서 昔씨, 金씨로 바뀌게 되는데, 이는 종래와는 다른 異系王權의 등장을 의미하는 것이다. 그러므로 이들 왕실에서는 本系의 왕족권위에 대신할 새로운 사상을 필요로 하게 되었으며, 새로 수용된 불교를 그 방편으로 삼게 된다.

삼국은 모두 대승, 소승의 많은 교설 중에서 업설(業說)과 전륜왕(轉輪王), 미륵사상(彌勒思想)을 특별히 선별하여 수용하게 되는데, 이는 異系王權의 강화와 관련하여 수용한 것이라 볼 수 있다. 業說은 인도에서부터 하늘의 권위를 부정한 대표적 이론으로 여겨지고 있다. 여기에 등장하는 轉輪聖王은 무속의 天降聖王을 대치하고 있으며, 전륜성왕의 治世에 미륵불이 출현한다는 '미륵'신앙이 나타나는데, 이는 새로운 성왕, 정복왕조의 출현을 사상적으로 뒷받침하고 합리화하는 것이라 볼 수 있다.

신라의 경우 법흥왕 14년에 興輪寺를 만들기 시작하고 여기에 미륵불을 안치하였으며, 진흥왕 27년에는 완공된 黃龍寺에 장육석가 삼존상(丈六釋迦 三尊像)을 봉안하고 불사리(佛舍利)를 봉안하였다. 이는 석가와 미륵의 결합을 통해 국가이념에 어울리는 불교적 관념형태를 더욱 공고히 하였다고 볼 수 있다. 3국의 불교 모두 새로 등장한 왕권을 강화하고 호국을 위한 불교로서 활용되었는데, 이를 위해 승려들을 우대하였고 승려들 또한 여기에 적극 참여하게 된다. 고구려의 도림(道琳), 혜량(惠亮), 보덕(寶德), 백제의 도침(道琛), 신라의 원광(圓光), 자장(慈藏), 명랑(明郎), 의상(義湘) 등이 대표적인 예라 할 수 있다.

그리고 초전불교는 인도의 출세간 불교와는 크게 양상을 달리하며 수용되는 특징이 있다. 즉 무교적 신앙의례를 불교적인 의례로 대체하고 있는 것이다. 무속의 '하늘임'은 불교의 제석천(帝釋天)에 섭화 되고, 靈地의 관념이 佛緣國土說로, 천신제사가 팔관회, 인왕백좌, 연등회 등으로, 점복의례(占卜儀禮)가 점찰법회(占察法會)로, 그리고 治病壤災가 密

敎적 法用으로 대체되고 있다.

(2) 大乘佛學의 발생과 화엄(華嚴)사상(신라통일기)

삼국의 중반기에 들면서, 특히 신라의 통일기에 접어들어 대승불학
이 수용되고 또한 자체적으로 연구되기 시작한다. 삼국초기의 불교의
業說이 세속적이라면 대승불교는 탈속적 성격을 지니고 있다. 고구려
와 백제의 경우 고구려승 승랑(僧朗)에 의해 기초가 닦인 三論學이 주
류를 이룬 반면, 신라의 경우 섭론(攝論), 法相宗과 같은 유식(唯識)사상
이 주류를 이루게 된다.

三論學은 中論과 十二門論, 그리고 百論을 합한 것으로 인도의 中觀
思想을 기반으로 한 불교의 학파이다. 中觀은 모든 존재의 自性을 철
저히 부정하는 諸法皆空의 사상이라고 할 수 있다. 반면에 唯識思想은
실천적인 면이 강한 사상체계로 모든 존재의 자성을 철저히 부정한다
고 해도 그런 부정을 통해 나타나는 궁극적 진리, 원성실성(圓成實性)은
인정한다는 입장을 띤다. 그것은 아뢰야식(阿賴耶識)으로 一切萬法의 種
子를 포함하며 種子가 緣<조건>에 의해서 일체만법이 나타난다고 한
다. alaya識 내부에 함축된 種子<소질, 능력>에서 모든 것이 만들어진
다. 즉, 一切由(唯)心造이다. 물론 현상적인 존재가 반대로 종자를 이루
는 역작용(現行熏種子)도 있을 수 있다. 일체현상은 마음에 의해 지각되
며, 깨달음의 마음으로 조정할 수 있다고 보는 마음에 중점을 두는 관
점이라 할 수 있다.

대승불학의 中觀과 唯識의 사상적 대립의 조화와 통일을 이루는 것,
또한 世間과 出世間의 차별을 극복하는 것이 이 시기의 과제였다. 그
리고 이러한 세간과 출세간의 차별과 중관과 유식의 대립을 극복하는
이론을 개발하는데 큰 업적을 남긴 사람이 원효(元曉, 617~686)와 의상
(義湘, 625~702) 이다. 특히 원효는 「기신론(起信論)」을 재발견하여, 중

관(眞如門)과 유식(生滅門)이 대립한다 해도 인간의 마음(心)을 대상으로 하는 점에서는 다를 수 없으므로 '一心에 의해 二門이 있다'고 전제하고 '二門이 화합된 一心은 궁극적인 本源에서 두 법문의 상호작용(破·立)을 통해 커다란 體·相·用을 발현한다'고 주장했다. 참으로 기신론을 이런 각도에서 주석한 최초의 사람이 원효이며, 이를 통해 중관, 유식의 대립과 세간(俗)과 출세간(眞)의 차별이 동시에 극복된 것이다.

원효의 저술활동과 의상의 실천적 교단운동을 통해 華嚴사상이 크게 선양되는데, 이 화엄사상을 신라의 金氏왕실이 적극 지원하게 된다. 그런데 그렇게 될 수 있었던 것은 신라의 화엄사상이 신앙적인 차원에서 무속적 세계관과 구조적인 면에서 상응하고 있었다는 점에서 찾을 수 있다. 화엄사상에서는 유난히 많은 天神들이 등장하고, 欲界天에서 經이 說해진다거나, 主尊佛 毘盧遮那(Vairocana)나 '태양'이란 뜻을 지니고 있다.

또한 菩薩十地에 있는 각 보살은 지상이나 천계의 왕으로 태어나 正法治世하는 일이 많다고 설하는 등 무교적 세계관을 불교화한 인상이 짙다고 할 수 있다. 金氏왕실은 이제 화엄사상을 배경으로 확고한 지위와 권위를 유지할 수 있었다.

(3) 禪·敎의 대립과 지양(고려시대)

신라의 불교는 下代에 들어 더욱 정권과 결탁하면서 부패하고 추락하기 시작하여, 正·敎의 근본적 쇄신이 요구되게 되었다. 그리고 이 시기에 法郞, 神行, 道義 등에 의해 南·北宗禪이 전래되기 시작했다. 불교계는 禪불교의 '不立文字·見性成佛'을 내세워 화엄학의 관념적 허식과 경화증을 무너뜨리고 진면목을 찾으려 하였다.

특히 왕실보다 지방의 호족이나 육두품이하의 지식층에 의해 받아들여지게 되며, 九山禪門이 자리잡은 곳이 대개 중앙에서 멀리 떨어진

지방에 위치하게 되어 지방호족과 결합하여 세력을 키우게 된다. 고려의 불교는 禪·敎·도참(圖讖)이라는 3대 요소를 중심으로 전개된다. 광종때 균여(均如, 923~973)는 거란침입후 신라후기 불교의 찌꺼기를 청산하고, 宋學의 새로운 기풍을 받아들여 진정한 고려불교를 확립하고자 했으나 한계가 있었다.

대각국사 의천(義天, 1055~1101)은 균여계의 화엄학을 배척하고 천태종(天台宗)의 개립을 통해 선·교 대립을 지양하고자 힘썼다. 의천은 敎 <즉 言像>를 떠나버리고 心工夫<禪>만 강조하면 迷惑하고, 言像에 집착하고 心工夫를 망각하면 眞理의 경지를 알지 못하는 것이니, 敎와 禪 그 어느 것에 집착하거나 어느 한 쪽을 버리면 究竟覺에 이를 수 없다고 주장했다. 의천에게서 사상의 융합을 추구하려는 원효의 전통을 확인해 볼 수 있다.

12-3세기 원의 6차 침입을 받아 고통과 내우외환이 겹친 상황에서 교계일각에서는 승려본연의 자세로 되돌아가려는 힘찬 운동이 전개되는데, 보조국사 지눌(知訥)의 정혜결사(定慧結社)와 원묘국사 了世의 백련결사(白蓮結社)가 대표적이었다. 지눌은 돈오점수(頓悟漸修)를 제창하였는데, 인간의 본심(空寂靈知)은 깨우쳐보면 諸佛과 조금도 다름없기에 頓悟라 하며, 頓悟하여도 번뇌<習氣>는 곧 제거되는 것이 아니므로 漸修해야 한다. 즉 지눌은, "범부가 迷할 때는 四大를 몸으로 삼고 妄想을 心으로 삼아 자기 心性이 곧 眞法身인 줄 모르고, 자기 靈知가 眞佛인 줄 모르고, 心外에 佛을 찾아 如浪虛浪하게 달리다가 홀연히 善知識의 入路指示로 一念廻光하여 자기 본성을 보면, 이 性地는 번뇌가 없고 無漏의 智性이 본래 스스로 구족하여, 곧 諸佛과 分毫도 다르지 않으니 頓悟라 하는 것이다. 漸修라는 것은 비록 본성이 佛과 다름이 없음을 깨달으나 無始의 習氣를 단번에 除滅키 어려운 까닭으로 깨달음에 의지하여 점차 熏修하여 공을 이루어 聖胎를 오래 길러 聖을 이

루나니, 이르되 漸修라는 것이다. 비유하면 어린아이가 처음 날 때 諸根이 남과 다름없이 구족하나 그 힘이 不實한지라 자못 세월이 지나야 바야흐로 비로소 사람이 되는 것과 같다"[92]고 하였으며, 그러므로 佛의 경지에 이르는데는 "頓悟漸修는 수레의 두바퀴와 같다. 어느 한 쪽도 궐할 수 없는 것이라"[93]고 하였다. 이처럼 그는 定慧双修해야 한다는 것으로 선·교의 대립을 지양한 것이다. 지눌은 선·교의 대립을 지양하고 원효와 의천 이래 세워진 전통인 '一心에의 萬法歸一會通'의 융합정신을 계승하고 있는 것이다.

그런 중에노 제2차 몽고침입 시 초조대장경(初雕大藏經)이 불타자 최씨무신정권하의 화엄승려들이 호국신앙에 대거 참여하고, 균여의 저술이 대량 수록된다. 국난 앞에서 민족적 정통성에 대한 의식이 발생한 것으로, 보각국사 일연(一然, 1206~1289)의 「삼국유사」는 이러한 역사관의 반영이었다. 그러나 교단의 타락은 시간이 지날수록 심해졌고, 普愚나 慧勤, 景閑 등의 임제선(臨濟禪)의 전래로 사상적 통일과 쇄신을 일으키는 듯 했으나 부분적인 개혁만으로는 치유할 수 없는 지경에 이르게 된다.

(4) 抑佛政策下의 叢林佛教(조선조)

주지하듯이 불교는 조선조의 억불숭유정책으로 쇠락하게 된다. 조선조의 억불정책은 그러나 불교를 전적으로 말살하려는 것은 아니고, 불교타락의 근본 이유가 되었던 불교의 중앙정계진출과 교세확장, 그리고 경제력 등을 극도로 억제하려 했던 것으로 지방의 사찰까지 회파하려는 것은 아니었다.

이는 태조의 개국 시 自超, 神照, 祖丘 등과 같은 고승들이 협찬했다

---

92) 「修心訣」(한국철학회 편, 「한국철학사상」, 1987, 428쪽 재인용)
93) 위의 책, 같은 쪽 재인용.

는 점, 그리고 인간의 나약성을 극복하는 면에서의 性理學의 한계 등
에 기인한 것이라 할 수 있다. 세종말기에는 好佛로 전환되고, 훈민정
음으로 「석보상절(釋譜詳節)」을 짓고, 친히 「月印千江之曲」을 지었으며,
세조때는 禪·敎佛典이 대부분 諺解되었던 것이다.

중앙정계에서 밀려난 불교는 산간총림에서 명맥을 유지하고, 임란과
병란 시 국가수호에 앞장서는 등 권력과 부에서 소외되면서 종교적 순
수성을 지니게 된다.

이 시기는 선·교(華嚴)·淨土宗을 중심으로 전개되는데, 기화(己和,
1376~1433)에 의해 교를 선으로 해석·융회하고 하였고, 이후 김시습과
休靜(1520~1604) 등에 의해 '捨敎入禪'的인 경향이 강해진다. 그러면서
도 화엄경에 대한 연구도 선행되고 정토신앙의 재역할이 중시되기도
하였다. 한 마디로 총림불교에 의한 전통적인 호국정신과 유·불 교섭
의 포용력이 나타났다고 할 수 있다.

4. 불교교육사상과 한국불교의 과제[94]

불교는 기독교에 비해서 神中心主義가 아니고 人間中心主義요, 인간
의 가능성에 회의를 품는 비관주의가 아니고 무한한 가능성을 믿는 낙
관주의요, 또 脫現世主義가 아니고 向現世主義요, 他力的 恩寵主義가
아니요 自力的 修己主義가 짙기 때문에, 원래 교육의 의의를 더욱 중
요시하고 교육의 가능성을 더욱 믿는 종교였어야 했다

(1) 교육원리

불교에서는 인간교육을 性德, 修德의 두 원리로 푼다.

性德은 인간이 선천적으로 自性住佛性 正因佛性을 지니고 있기 때문

---

94) 김정환, 앞의 책, 289~293쪽을 참조하여 작성함.

에 이것을 인식하고 만인이 다 覺得體達해야 함을 말함이요, 修德은 후천적 실천의 원리로서 引出佛性 緣因佛性하여 본성을 완전히 발로시켜야 함을 말함이다.

(2) 불교의 삼육(三育)

智育은 좋은 스승을 만나거나, 또는 실생활을 통해서 善知識을 몸에 지니게 하는 일, 體育은 苦行을 버리고 非苦非樂의 中道行을 행함을 원칙으로 하고, 특히 적당한 음식 섭취, 몸의 청결, 고른 呼吸, 禪定으로 건강한 육체를 가꾸는 일, 德育은 사섭법(四攝法)으로 악을 짓지 말고 선을 행함으로써, 마음을 닦는 일이다.

四攝法이란 재물로 남에게 布施하는 일(布施攝), 남에게 사랑이 넘치는 말을 하는 일(愛語攝), 善業을 하여 중생을 이롭게 하는 일(利行攝), 중생을 동화시키기 위해 상대방과 같은 행동을 해주는 일(同事攝)이다.

(3) 교육내용

교육내용은 五明, 經典硏究, 武術硏磨로 구분된다. 五明은 문자익히기·문법·문학에 해당하는 聲明, 논리학에 해당하는 固明, 종교·철학에 해당하는 內明, 의학·약학에 해당하는 醫方明, 공업·기술에 해당하는 工巧明으로 구성되었고, 經典은 60여 종, 武術은 29종에 이르렀다 한다. 이러한 교육내용은 서양의 기독교 문화권에서의 自由七科, 즉 三學(문법·수사·변증)과 四科(산수·기하·음악·천문학) 및 騎士七藝를 연산시킨다(290~291).

(4) 한국불교의 교육적 과제

불교는 한국전래와 공인이후에 국교로서 존숭되기는 했지만 지식층,

지배계층의 애호를 받는 종교로서 그들의 精神形成에 이바지하는 데 그쳤으며 國泰民安을 비는 護國宗敎的인 수준에 머물러 민중의 생활과 깊은 관련을 맺지는 못했다.

한국역사에서 불교의 기여도는, 서양의 종교개혁에서 볼 수 있는 사회혁신 이념의 창도, 국민대중의 영혼의 구원, 국민대중교육의 마당에의 침투 등의 면에 훨씬 미치지 못했다. 일제하에는 한용운의 생애에서 보듯 불교가 독립운동에 기여한 바 크기는 했지만, 기독교에 비해 國民啓蒙의 면에 뒤졌고, 또 오늘날에 있어서도 기독교에 비해 社會革新運動에의 참여도 및 조직적 포교활동, 교육활동에 활기가 모자라 뜻있는 사람들은 아쉬워하고 있다.

이렇게 우리나라의 불교는 布敎事業에 非組織的, 濟度事業에도 소극적, 교육사업에도 비활동적이었다. 무엇보다도 국민대중의 생활을 규율할 정도로 신앙이 서민화하지를 못했다. 이렇게 기독교에 비해서 소극적인 상태에 머물고 있다는 단적인 예를 우선 高等敎育機關을 놓고 보더라도, 기독교계 고등교육기관은 수십 교를 헤아리는데, 불교계는 東國, 圓光 등 몇 대학밖에 없다. 그러나 중등교육 수준에 내려가면, 기독교에 비해 더욱 열세다.

한국불교가 앞으로 풀어야 할 교육적 과제로서 김정환은 다음과 같이 제시했다.

① 비조직적인 市民 대상의 교육에서 조직적인 학교교육으로 크게 力點을 바꾸는 일

② 현재 서양 지식층에 불교에 대한 동경이 날로 높아가고 있는 바, 불교의 기본적 사상의 발상을 좀더 널리 조직적으로 소개하는 일

③ 사회적 여러 모순에 염증을 느껴 入山修道하고 현세에의 回歸를 잊던 山岳佛敎를 正統으로 하는 宗派싸움을 하루 속히 止揚하고 佛敎를 보다 庶民化·生活化할 일

④ 정권의 비호를 받으며 護國佛敎의 수중으로 안일하게 현상 유지를 꾀하는 생각을 시정하고, 뭇 衆生의 영혼적 구원을 弟一義로 하는 宗敎本來의 使命을 다시 찾는 일

⑤ 社會改造에 대한 뚜렷한 展望을 밝히고 此方淨土의 생각에 보다 충실할 일

불교는 모든 인간은 불성을 지니고 있으며, 자비의 대상이 되기 때문에 누구나 수양정진하면 부처가 될 수 있다는 평등주의적 인간관을 지니고 있다. 불교는 자기 속에 감추어진 잔잔한 물결과도 같은 불성을 깨닫고, 인간과 삼라만상의 인과관계를 전체적으로 조망하면서, 계속해서 수양할 때 번뇌를 멸절하고 열반에 이를 수 있다는 깨달음과 수양의 가르침이다.

한국 불교는 모든 교리와 논쟁을 지양하고 하나로 회통·융합하려는 원효의 정신, 조화의 정신으로 대표되는 고유사상의 전통을 계승하면서 발전해왔다. 앞으로도 한국 불교는 이러한 '일심으로 귀일'하는 정신을 회복하고, 국민들의 올바른 삶을 계도하는데 적극적이고 조직적인 노력을 경주해야 할 것이다.

연구·토의 과제 ...

1. 불교의 핵심사상인 삼법인, 사성체, 연기, 중도사상 등을 정리해 보자.

2. 한국 불교의 형성과 발전과정을 논의해 보자.

3. 현대의 윤리적 위기와 관련하여 불교사상이 어떠한 의미를 가질 수 있는지 토의해 보자.

4. 불교에서 양성하고자 하는 이상적인 교육적 인간상을 찾는다면, 어떠한 인간상이 될지 논의해 보자.

5. 다음의 용어들을 설명해 보자.
   ① 부처
   ② 오온(五蘊)
   ③ 무명(無明)
   ④ 갈애(渴愛)
   ⑤ 돈오점수(頓悟漸修)

한국 유학사상과 교육   한국유학사상과 교육

V. 韓國 儒學思想과 敎育

1. 한국 유학사상의 형성과 발전

유교는 불교와 함께 삼국시대부터 전래되었다. 우리 나라가 중국과 지리적으로 인접해 있고, 한(漢)의 4군이 설치되어 있었던 점, 그리고 고구려 소수림왕 2년(372) 여름 6월에 태학(太學)을 설립하고 자제를 교육하였다는 「삼국사기」의 기록이 있는 점 능을 고려해볼 때, 유교는 비교적 일찍부터 漢字, 유교경전과 함께 수용되었음을 알 수 있다.

유교는 孔子의 가르침을 기반으로 孟子와 荀子 등에 의해 더욱 심화된 사상체제로, 수기치인(修己治人)을 기본 이념으로 하고 있다. 유교는 농업사회, 농업문화의 대가족제도와 대가족제도를 위한 가부장적 질서체계를 정당화시켜주는 이론을 제시함으로써 정통의 위치를 고수할 수 있었다. 특히 일찍부터 어진 품성을 지니고 있었던 우리 민족은 공자가 제시한 유교본래의 정신에 부합하는 특성이 있었다. 즉, 동이문화의 특징은 종교성이 강하여 하늘을 숭상하고, 인간의 모든 일을 결정할 때 하늘의 뜻을 묻는 점법이 발달했으며, 소박하고 순일한 것을 좋아하며, 합일성과 통일성을 추구하는 것 등인데, 이러한 동이문화의 특징을 한마디로 표현하면 인(仁)의 문화라고 할 수 있다. 인(仁)은 인(人)의 마음상태이고 인(人)은 동이족을 지칭하는 고유명사였다는 지적95)은 적절하다고 평가할 수 있겠다.

유교는 치국의 방침으로 불교와 함께 성장·발전하게 되었고, 학교들을 통해 관리양성에 필요한 소양과 지식을 제공함으로써 형식교육의

---

95) 이기동, "유교의 연원과 성립 - 중용사상의 근간은 동이문화 -", 「전망」(대륙연구소, 1995. 1), 131쪽.

발달에 크게 기여했다. 고려조부터 본격적으로 과거시험으로 관리를 양성하게 되면서부터 유교경전은 더욱 중시되게 된다. 고려말을 기점으로 남송의 주희에 의해 집대성 된 신유학으로서 성리학이 신진사대부의 학으로 중시되고, 조선개국 후 통치의 이념이요 사회윤리의 이념으로 발전하게 된다. 특히, 퇴계와 율곡과 같은 대학자들에 의해 성리학이 연구되면서 중국의 성리학보다도 깊이 있는 한국 성리학을 낳을 수 있었다. 그러나 성리학은 지나치게 관념적이고 사변적인 학문풍토로 실생활과 괴리되는 한계를 노출하게 되면서, 개신유학(改新儒學)으로서 실학이 등장하게 된다.

유학은 농경문화로 대표되는 한국문화의 소중한 전통을 형성하는 데 기여하였으며, 교육을 강조하는 유학본래 사상적 특징에 의해 우리 교육의 발전에 크게 기여하였다. 그러므로 유학의 사상적 특징과 한국 유학의 전개과정을 이해하는 것은 전인양성을 위한 전통의 계승과 발전이라는 측면에서도 중요하다. 이 장에서는 유교의 기원과 유학사상, 한국 성리학, 한국 유학과 선비정신, 성리학의 교육방법, 그리고 유학사상의 교육적 과제 등을 살펴보고자 한다.

2. 儒教의 기원과 儒學思想

(1) 禮의 기원과 특징

① 古代禮俗과의 관련성

유학은 '禮'와 깊은 관련이 있다. 禮의 시행은 周初(특히, 文武・周公) 봉건제도의 확립과 때를 같이해 禮가 본격적으로 제정되고 시행되기 시작했다. 禮는 집안에서의 여러 가지 생활규범을 비롯해 사회생활, 국가생활 및 종교적 행사 규범에 이르기까지 복합하게 적용되었으며, 禮의 정착은 질서의식을 가지게 하였다. 특히 周代의 귀족층에서 발달된

禮는 수직적 지배력을 행사하는 봉건제의 질서를 뒷받침하는 것이었다. 上下 수직적 질서를 꾀하는 규범의식이 禮의 특징이다.

② 禮의 기원

그런데 禮는 하늘(天·天帝)에 대한 祭祀로부터 비롯되었다. 원시신앙을 하면서 하늘을 숭배하기 위해 제사라는 일정한 의식을 행할 때 부정(不淨)을 전제로 정해졌던 금기(禁忌)가 곧 禮의 原型이라 할 수 있으며, 그것이 윤리적 차원으로 발달·승화된 것이다.

어원으로 살펴볼 때, 禮리는 글자는 「示」와 「豊」의 합성어이나. 풍은 祭器를 나타내는데, 이렇게 볼 때 禮란 '祭器를 통하여 드러내는(示) 神(天帝)'의 뜻을 지니고 있다고 볼 수 있겠다.

(2) 禮와 儒者

① 禮의 전파

周代의 귀족계층의 禮가 周末(특히 B.C. 770 東遷이후)부터 春秋時代(B.C. 722-481)에 일반 서민계층에 광범하게 전파되기 시작한다. 당시 학문은 禮를 으뜸으로 한 六藝(禮·樂·射·御·書·數)로서 귀족적 교양인을 위한 지식이었다. 주왕실의 祝官, 史官, 禮官, 樂官들은 당시의 지식인으로 주왕실이 무력해지고 봉건체제가 해체된 이후 이들 지식인들이 민간사이에 흩어져 활약하기 시작한다. 서민들에게 결혼·장례·제사 등 제반행사의 禮를 가르쳐 주기 시작한 것이다. 당시 민간인들의 높은 교육열과 제후들의 국세신장을 위한 인재등용의 열의는 '학문이 곧 출세(仕)의 도구'라는 의식을 팽배하게 만들었다.

② 相禮者요 儒者인 孔子

춘추시대 민간인들에게 禮를 가르쳐주고 도와주는 相禮者를 통칭하여 「儒」라 하는데, 공자 역시 상례자였으나 기존의 그들과는 달랐다.

공자는 생활규범으로서 禮를 실천하도록 하였을 뿐만 아니라, 그 윤리적 의미를 밝히려고 하였다. 이런 점에서 우리는 공자를 儒家의 祖宗으로 삼는 것이다.

(3) 공자의 사상과 교육

공자(B.C. 551-479)의 이름은 구(丘)요 자는 중니(仲尼)이다. 그는 周文化의 계승을 자신의 사명으로 여기면서, 혼란한 사회에 질서(道)를 수립하려고 하였다.

그는 질서수립을 통해 '박시제중(博施濟衆)'을 꿈꾸었으며, "鳥獸와 함께 무리를 지을 수 없으니, 내가 사람과 더불어 함께 아니하고 누구와 함께 하랴"고 하여 인간중심의 인본질서의 확립을 주창했다. 그런데, 공자는 자신의 철학을 하나로 꿰뚫고(一以貫之) 있는 근본 원리가 仁이라고 밝히고 있다.

① 仁의 의미

仁은 다양한 해석이 있으므로 쉽게 정리할 수 있는 개념은 아니다. 그러나 무엇보다도 仁이란 인간의 質直한 마음씨와 관련되어 있음은 분명하다. "巧言令色은 仁에 먼 것"이요, "剛毅木訥이 仁에 가깝다"라는 공자의 언급은, 仁이 일부러 꾸미려고 하지 않는 순박함, 질직함과 연관이 있는 것이다.

그러나 공자는 질직할 뿐 禮로서 敎化되지 않으면 몰인정(絞)하여 짐으로, 禮로서 교화되고 조절되어야 한다고 주장한다. "克己復禮할 때 仁이 이루어진다"는 것으로, 이 때의 仁은 곧 忍이라 할 수 있다. 즉 나 자신의 利己的 欲求를 억제하고 사회적 윤리적 규범을 잘 지키는 것으로 奉公的 의미를 지니고 있다.

仁은 또한 愛人이다. 진심으로 남의 아픔을 이해하고 공감하는 자연적인 감정이요, 금수와 구별되는 것이다.

② 仁의 倫理 및 정치사상

그런데 공자에 의하면 인을 실생활에서 구현할 수 방법으로 「忠」과 「恕」를 들 수 있다고 한다. 충·서는 한 마디로 '己所不欲 勿施於人'이라고 할 수 있다.

사람의 마음은 다 마찬가지이므로, 내가 원하는 것은 남도 원하고 내가 원하지 않는 것은 남도 원하지 않을 것이다. 그러므로 인이란 내가 원하지 않는 것을 남에게 시키지 않는 것이다. 즉 자기의 마음을 미루어 남의 마음을 이해하고 동정하는 것이다. 이렇게 공자가 말한 인의 구현은 내 마음의 느낌을 기초로 하므로, 일상적인 실생활과 대인관계에 있어서 나와 가까운 관계 <부모>로부터, 그리고 형제로부터 시작하여 남의 부모, 형제로 확대되는 것이다. 父母에 대한 恭敬, 그리고 孝悌가 기초가 되는 것이요, 그러므로 가족 윤리적인 색채가 강하다고 할 수 있다.

仁의 구현은 정치적인 측면에서 보면 어진 정치, 곧 仁政을 베푸는 것이다. 政이란 正이며, 통치자인 군주의 자비가 무엇보다 중요하다. 德으로 인도하고 禮로서 질서를 잡아야 한다. 그래야만 진정으로 백성들의 신뢰를 얻을 수 있는 것이다. "政으로 다스리고 刑으로 제재하면 사람들은 법망을 빠져나가기는 할지라도 염치가 없게 된다. 그러나 德으로 인도하고 예로써 질서를 잡으면 염치도 있게 되고 바로잡히기도 한다"는 것이다. 이것이 바로 공자의 德治·禮治論이라 할 수 있다.

③ 공자의 교육사상

공자는 위대한 교육자로서 지금까지도 존숭되고 있다.

공자의 교육적 인간상은 聖人, 君子라고 할 수 있다. 그러나 聖人이란 하늘이 점지하는 것이라고 할 때, 실제적인 이상형은 君子라 할 것이다. 공자는 인간의 교육가능성을 신뢰하였다. 天으로부터 얻은 성질은 거의 비슷하나 習慣의 善·惡, 즉 學習의 결과 賢·愚의 차이가 생긴다고 보았다. 공자는 배움에 있어서 學과 思의 병행을 강조하였다. 즉 주관적으로 사유하는 것과 경험적으로 학습하는 것은 병행되어야 하는 것이다. '學而不思則罔 思而不學則殆'이다. 스승에게 배우는 것은 중요하다. 그러나 배우기만하고 학생 스스로 사유하지 않는다면 진정한 앎에 이른다고 할 수 없다. 객관적 경험의 습득과 주관적 사유는 그러므로 병행되어야 한다. 공자는 또한 끊임없는 수양의 과정을 주장했다. 계속적인 노력과 진보의 성실함이 필요하다는 것이다.

공자는 君子의 길로서 智·仁·勇의 겸비를 주장했다. 仁者는 근심하지 않으며, 智者는 어리둥절하지 않고, 勇者는 두려워하지 않는다고 하여, 智·仁·勇의 조화를 중시하였던 것이다. 공자는 君子를 위한 교육내용으로 文, 行, 忠, 信의 네 가지를 들었다. 文(literature)이란 성현의 가르침인 四書五經을 배워서 깨치는 학문을 의미하는 것이고, 行(conduct)이란 孝悌의 실행과 매일 매일의 德의 실행 등을 실천함을 의미하는 것이며, 忠(loyalty)은 사람을 대할 때 지성과 충심으로 접하는 마음, 자세를 의미하는 것이다. 그리고 信(reliability)이란 말과 행위가 일치하는 신실한 자세를 의미하는 것이다.

공자의 학습방법은 첫째는 넓게 배우는 博學主義<博學篤志>, 둘째 절실하게 묻고 가까운 것에서 사유를 시작하는 切問近思, 그리고 셋째 옛것을 두터이 함으로 새로운 것을 깨닫는 溫故知新 등을 들 수 있다.

(4) 孟子의 사상

① 仁思想의 주관적 계승

맹자(B.C. 374-289)의 이름은 가(軻)이고 자는 자여(子輿)이다. 맹자는 공자의 사상을 계승하면서 당시 풍미하던 반정통사상인 墨, 楊의 「兼愛」, 「無我」이론을 배척하여 유학의 정통을 고수하는데 기여했다. 특히 맹자는 공자의 仁의 사상을 계승하면서도 義를 강조하였다.

공자가 仁을 禮와 결부시켰다면(克己復禮), 맹자는 仁과 더불어 義를 논하게 된다. 그런데 禮가 생활규범에 따르는 형식이라면, 義는 생활규범이 될 올바른 내용이라고 할 수 있다. 한 마디로 맹자는 공자가 강조한 禮의 근거를 한층 더 파고들게 되었다고 할 것이다.

공자 사상의 계승은 크게 두 갈래로 진행되었는데, 먼저 자공(子貢)·자유(子遊)·자하(子夏) 등 仁의 객관적인 禮사상 위주로 계승하였고, 荀子가 이 갈래라 할 것이다. 그리고 증자(曾子)·자사(子思) 등 仁의 주관적인 孝·忠恕를 위주로 계승하였으며, 맹자가 이 갈래를 대표하고 있는 것이다.

② 性善說

맹자가 인간의 性을 善하다고 보았음은 주지의 사실이다. 맹자는 性을 타고난 소질 「才」로 보았는데, 선한 행위를 할 수 있는(可以爲善) 소질과 악한 행위를 할 수 있는 소질(食色의 性) 중 악한 행위를 할 수 있는 것은 동물에게도 존재하나, 선한 행위를 할 수 있는 소질은 인간에게만 가능하다고 보았다.

그러므로 인간의 性은 可以爲善이므로 선하다고 본 것이다. 이렇게 볼 때 맹자의 성은 생리적 본능과 같은 자연현상이 아니라 도덕적 성향을 의미하는 것이다.

그런데 맹자는 인간이 可以爲善할 수 있는 도덕적 성향을 지니고 있다고 하는 근거를 증명함에 '같은 類의 것은 대개 서로 비슷하다'는 전제로 출발한다. 인간들의 마음(心)의 현상들이 서로 같다는 것이다. 그는 '차마 못하는 마음(不忍人之心)'이 누구에게나 있다는 경험 내지 귀납적 방법을 토대로, 측은한 마음(惻隱之心)과 부끄럽고 기분 나쁜 마음 (羞惡之心)을 끄집어내고 「仁」, 「義」의 선한 본성이 있음을 입증하는 단서로 삼는다. 맹자는 仁·義·禮·智에 입각한 행위를 권장하고, 이러한 마음을 확충해 실천할 것을 촉구하였다. 또한 親·義·別·序·信과 같은 五倫의 덕목을 말함으로써 三綱·五倫의 윤리기틀을 마련하였다.

③ 民本爲民의 정치사상

맹자는 仁政이 德治요 民本이라는 공자의 사상을 계승하여, 民本을 철저히 역설하였다. 한 마디로 "民이 가장 귀하고, 社稷이 그 다음으로 귀하며, 君은 가장 輕한 것"이라는 것이다. 民本에 입각한 참된 德治를 펴는 것은 王道政治요, 힘<力>으로 仁을 가장한<以力假仁> 정치는 패도정치(覇道政治)인 것이다.

그런데 왕권자체가 일단 天으로부터 주어진다고 할 수 있으나, 天은 말을 하지 않는 것이므로, 결국 民意에 의해 주어지는 것이라고 하여, 王權民授說을 주창하였다. 그러므로 그는 民意를 배반하고 一身의 이익만을 돌보기 위해 以力假仁하는 覇道者를 용납하지 않는다. 그는 武王의 伐紂를 당연시하였는데, "仁을 도둑질하는 자를 적(賊)이라 하고, 義를 도둑질하는 자를 잔(殘)이라 한다. 殘賊의 인간은 一夫에 지나지 않는다. 一夫인 紂를 죽였다는 것을 들었어도 君主를 시해(弑害)했다는 것은 듣지 못했다"라고 하여, 易姓革命을 시인하였다.

(5) 荀子의 사상

순자(B.C. 대략 299-213)의 이름은 況이다. 순자 역시 공자의 사상을 계승했다. 공자의 인(仁)사상의 객관적인 禮의 측면을 계승하였으며, 후에 李斯, 韓非子 등의 법가사상에 영향을 주었다.

① 성악설

맹자가 인간의 본성이 선하다고 보았다면, 순자는 악하다고 보았다. 그런데 두 사람이 말하는 性의 개념은 다른 것이다. 맹자는 可以爲善할 수 있는 인간의 도덕적 성향을 본성으로 보았다면, 순자는 '타고난 취향(天之就)'으로서 배울 필요도 없고 일삼을 필요도 없지만 인간에게 있는' 것으로 本能的 欲求와 같은 것이다. 즉 순자는 인간의 自然的 性向을 인간의 본성으로 보았던 것이다.

그런데 이 같은 인간의 본성은 好利하는 性이므로, 性의 요구대로 따르면 惡한 결과를 가져온다는 뜻에서 人性은 惡하다고(人之性惡) 하였다. 그러므로 善이란 오히려 그 본성의 욕구를 제어한 「僞」 즉 人爲의 결과요, 禮란 '性을 변화시켜 人爲로 만든(化性起僞) 결과이다. 순자의 禮는 心性의 자연적인 발로를 억제하고서 정하여 지는 것이다.

② 학습의 중요성

순자는 禮나 善의 人爲性을 주장했다. 즉, 禮나 善은 本性의 자연발로가 아니라, 오히려 타고난 자연적 성향으로서의 본성을 변화·개조시킴으로서 가능해지는 것이다. 그러므로 결국 교육<學習>의 필요성이 대두된다.

聖人이란 어디까지나 후천적인 적(積 : 학습의 노력)에 의하여 이루어진 인간일 뿐이다. 즉 積에 의한 性의 변화로써 이상적인 경지에 이른 사람이 곧 聖人이라는 것이다. 순자의 사상이 지니는 경험주의적 특징을 엿볼 수 있다.

3. 한국 성리학의 전개

성리학은 '性命義理之學'의 준말로서, 心性수양을 중시하고 규범 및 자연법칙으로의 理를 중시하는 유학으로, 종래 유학을 형이상학으로 재구성한 것이다. 성리학의 명칭에서 알 수 있듯이 存心養性과 窮理를 중시하고 있는데, 군왕의 心性수양의 가능성과 그 실천의 모범을 강조하면서도 민중의 자각에 의한 자발적인 윤리·도덕의 실천을 강조하고 있는 것이다. 그리고 이런 점에서 성리학의 근세적 성격을 찾아볼 수 있다. 성리학은 사상적 영향을 볼 때, 禪宗의 心性중시의 경향을 수용한 유학이기도 하다. 성리학은 노·불 특히 이교도인 불교의 발흥에 대하여 한족중심의 중화주의적 정신에 의거 학문적으로 극복하고 대항하기 위해 유교의 전통을 새롭게 회복하려는 의지가 발로되어 재구성된 것이다.

南宋代 주회(朱熹)에 의해 집대성된 성리학은 선불교의 좌선(坐禪)과 내성(內省)을 통한 '직지인심(直指人心) 견성성불(見性成佛)'하는 돈오적(頓悟的) 상달(上達)의 수양방법에 자극 받아, 심성(審性)과 궁리(窮理)를 통한 하학이상달(下學而上達) 방법을 찾아내어 이론화 시켰던 것이다. 그러므로 麗末의 대학자 목은(牧隱) 이색(李穡)(1328-1396)이 지적한 것처럼, 불교의 見性과 유교의 養性은 결국 동일한 것이다.

성리학은 향리출신의 士大夫學으로 자리잡았는데, 중국에서는 排佛의 식하의 존화(尊華)·멸이(蔑吏)의 道統을 중시하고 春秋大義的 의리관을 강조하는 향리출신의 士大夫學으로, 한국에서는 불교의 폐단을 극복하고 麗末鮮初의 새시대를 여는 신진사대부의 학으로 자리잡게 된다.

(1) 心性論과 理·氣논의

① 理와 氣를 통한 세계와 인간에 관한 포괄적 인식체계

성리학에서는 이 세계와 모든 사물 및 인간은 이(理)와 기(氣)의 결합으로 존재한다고 설명한다.

모든 현상의 개별적 존재는 개별성을 갖는 근거(氣)가 있고, 그 이면에는 동질적인 보편성(理)이 내재한다는 것이다.

즉, 다음과 같다.

세계의 유형적 존재는 모두가 음양오행이란 기의 요소로 구성되며, 유형적 세계는 모두 무형적 원리와 보편성 즉, 이를 내재하고 있다는 것이다.

그런데 理·氣 논의에 있어서 중국의 경우 宇宙論에 대한 理·氣 논의에 치중했다면, 한국의 경우는 인간의 心性論에 대한 理·氣 논의에 관심을 쏟았다고 비교할 수 있다.

② 心性과 理氣

유가적 세계관은 인간의 정신만을 인정하거나 육체만을 인정하는 관점이 아닌 物心不離의 입장에 서있다고 할 수 있다. 인간은 육체만의 존재도 아니고 정신만의 존재도 아니다. 기본적으로 생명체이며 동물적 본능도 지니고 있으나, 또한 다른 동물과 구분되는 도덕적 정신을 지니는 존재인 것이다. 즉, 生長之心(血氣之心), 知覺之心과 함께 仁義之心도 함께 지니고 있다. 그리고 血氣之心과 知覺之心이 氣와 관련되어 있다면, 仁義之心은 理와 관계한다고 할 수 있다. 그러므로 血氣之心과 知覺之心이 人心과 관계되어 있다면, 仁義之心은 道心과 관계되어 있다고 할 수 있다.

또한 같은 맥락으로 인간의 性도 氣質之性으로서의 氣와 관련된 부분을 人性이라고 한다면, 本然之性으로서의 理와 관련된 부분은 本性이라고 할 수 있는 것이다. 그것을 간단히 나타내면 다음과 같다.

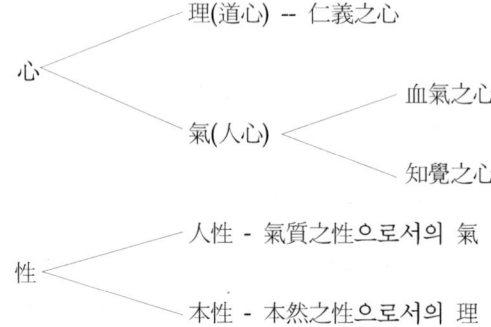

陰陽·五行의 氣와 그 배후의 天理까지 포함시켜 나타낸다면 다음과
같다.

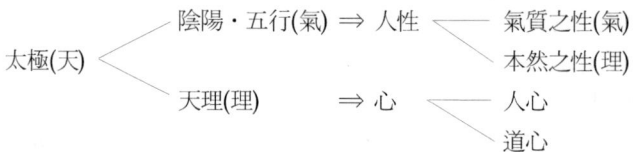

그런데 理와 氣는 이처럼 뗄래야 뗄 수 없는 관계에 있으면서도(不相離), 그 근원에서의 所從來는 서로 섞이거나 혼잡할 수 없는 관계(不相雜)에 놓여 있다고 할 수 있다.

③ 교육의 필요성 중시

성리학에서는 인간의 純善한 性은 하늘에서 같은 理를 부여받았으므로 같으나, 氣質의 차이에 의해서 淸·濁·賢·愚의 차이가 발생한다고 여긴다. 그러므로 氣質과 人欲의 가리움을 제거하고 本然之性을 회복하는 것이 성인과 군자가 되는 길이라고 주장하게 된다. 이러한 점에서 성리학에서는 수양, 즉 교육의 필요성이 절대적으로 중요시되는 것이다.

(2) 韓國儒學의 理·氣 논쟁과 人物性 同異논쟁

① 퇴계와 율곡의 이·기 논쟁

(개) 퇴계와 高峯 奇大升(1527-1572)과의 논쟁

이 논쟁은 퇴계의 나이 53세 10월에 이웃에 살던 鄭之雲이「天命圖說」을 지어서 보이자, 퇴계가 수긍하기 어려운 것을 고침으로부터 시작되었다. 즉,「四端 發於理 七情 發於氣」라는 부분을 퇴계가「四端 理之發 七情 氣之發」이라고 수정하였다. 그런데 기대승이 퇴계의 수정문이 이와 기를 너무 이원적으로 분리시켜 놓은 혐의가 짙다고 의문을 제기하였다. 四端이란「孟子」公孫丑편에 나와있는 仁義禮智의 단서인 惻隱·羞惡·辭讓·是非를 말하며, 七情이란「禮記」禮運편에 나오는 喜·怒·哀·懼·愛·惡·欲을 말한다. 기대승은 四端이라는 것도 七情이외에 따로 있는 것이라 할 수 없고, 氣를 떠난 理란 따로 없지 않은가? 즉, '不相離'의 관계를 무시한 것이 아닌가? 하는 점을 문제시 한 것이다.

이에 대해 퇴계는 性도 本然之性과 氣質之性으로 구별되듯이, 情이라 할지라도 理에 관계하는 것과 氣에 관계하는 '所從來'는 구별되어야 한다고 하여, 이와 기의 '不相雜'을 중시하였다. 여러 차례의 논의 끝에 퇴계는「四端 理發而氣隨之」「七情 氣發而理乘之」라고 결론지었다. 이런 관점을 理氣互發論이라 할 수 있다.

(내) 율곡의 기일도론(氣一途論)

율곡의 이·기 논의는 牛溪 成渾(1535-1598)과의 논쟁에서 본격화되었다. 율곡은 모든 자연현상은 그 일어남에 氣 아닌 것이 없고, 그 일어나는 까닭은 理 아닌 것이 없다고 전제했다. 그러나 율곡은 氣는 動靜이 있으나 理의 능동성은 인정하지 않고, 氣의 動靜은 '자연히 그러하다(機自爾)'고 주장했다. 理通氣局인 것이다.

율곡은 이·기 관계의 不相離를 중시하여 하나이면서 둘이고(一而二) 둘이면서 하나(二而一)라고 보았다. 그의 이기관은 「理氣詠」이라는 5언 대구의 시 '水逐方圓器 空隨大小瓶'에 잘 나타나 있다. 즉, 理는 氣의 개별적 현상에 따라 그에 내재한다고 보았던 것이다. 이렇게 율곡은 氣一途說로 理發은 인정하지 않고 있다.

퇴계와 율곡은 사단과 칠정의 적용에 있어서도 서로 의견이 달랐다. 퇴계는 四端은 理가 發하여 氣가 이에 따르는 것이요, 七情은 氣가 發하여 理가 그 위에 타는 것이라고 보았음은 앞에서도 밝힌 바 있다. 그런데 율곡은 氣만이 發하며, 氣가 發한 七情 중에서 특히 선한 일면만을 택하여 發한 것이 四端이라고 보았다. 율곡의 논의는 퇴계와 대립된다고 볼 수 있으며, 또한 발전이요 연장이라고 할 수 있다. 율곡은 퇴계의 이론을 새롭게 연장시켜 창의적 범주를 확보한 것이다.

② 湖·洛間의 人物性同異論

이 논쟁은 尤庵 宋時烈(1607-1689)의 제자인 수암(遂庵) 權尙夏의 제자들간에 벌어진 것이다.

㈎ 李柬중심의 洛論(人物性同一觀)

수암의 제자인 이간 중심의 젊은 학자들은 「中庸」의 「天命之謂性章句朱子註」에 나와있는 '사람과 사물이 생겨남에 각기 그 부여된 理를 얻음으로 인하여 健順五常의 德이 되나니 이른바 性이라'는 주석에 근거하여 사람과 사물의 성이 같다고 주장했다. 仁義禮智信이란 五常의 性을 금수는 물론 모든 사람이 품수받았으며, 사람과 사물의 차이와 개별성의 차이는 性자체의 本然性과는 상관없는 氣의 正通 편색(偏塞) 때문이라는 것이다.

㈏ 韓元震중심의 湖論(人物性異論)

그러나 수암의 제자 한원진 등은 「孟子」의 「生之謂性章句朱子註」에 나와있는 '理로써 말하자면 仁義禮智를 품수받은 것이겠으나 어찌 사물이 얻어 온전하리오'라는 주석에 근거하여 人物性이 서로 다름을 주장했다. 性이란 것은 理가 氣 가운데 내재한 후에 생기는 것이요, 性이란 모든 氣質이후에 지어진 개념이라고 하여, 性을 氣와 결부된 사물의 개별성으로 보았던 것이다. 天命은 形氣를 초월한 의미요, 形氣이후 人과 物은 형상은 물론 성품도 다른 것이라는 것이다. 한원진 등은 그러므로 어찌 인간의 성품을 금수로 낮추어 같다고 보는가 라고 반문하였다.

호·락논쟁은 퇴·율사상, 퇴·율논쟁을 확대 적용한 것이라고 볼 수 있다. 心性論의 논의를 우주와 인간을 넘어 동물과 사물에까지 확대 적용한 것이다. 특히 湖論의 논점이 구체적인 인간과 경험적 대상을 주어진 조건으로 긍정하면서 사람과 사물을 이해하고자 했던 철학적 모색이 있었다고 볼 수 있겠다. 그리고 이런 점에서 實學思想과도 관계성이 있다고 할 것이다.

4. 한국 유학과 선비정신

(1) 교육적 이상형으로서 선비

유학은 삼국시대부터 전래되어 조선조까지 오랜 세월동안 뿌리를 내리면서 우리의 가치와 신념체계로 자리잡게 된다. 특히 개개인의 수양의 가능성과 중요성을 역설하고 있는 유학은 우리 전통 교육의 내용과 방법, 그리고 교육의 이상설정에 이르기까지 깊이 자리잡게 된다. 그러나 그렇다고 우리 유학이 중국과 똑같은 양상으로 발전한 것은 아니다. 유학 역시 우리 문화의 원형이라고 할 수 있는 무속사상, 그리고 낭가사상 등의 풍토를 기반으로 수용되고 발전되었기 때문에, 한국적 유학으로 발전한 것이다.

'선비'역시 그 원형에 있어서 상고시대 솟대(蘇塗)제단의 무사에 기원을 두고 있고 화랑도에서 꽃을 피운 이상적 전인이었음을 제 Ⅲ장에서 밝힌 바 있다. 즉, '선비'란 고대사회부터 각종 두레에 있어서 멋과 신바람이 있는, 생기 있는 놀이문화를 즐길 줄 아는 風流를 구비하면서도 도덕적으로 方正한, 즉 圓融한 인격을 갖춘 인물이라고 할 수 있다. 그리고 그러한 선비 상은 화랑들에서는 물론 삼국시대와 고려시대, 그리고 조선시대에 걸쳐서 많은 인물들의 삶을 통해 확인해볼 수 있다.

그런 점에서 조선조에 유교적 의리 정신을 실천궁행하는 인간상으로서의 선비는 고래의 한국사상을 면면히 계승하면서 유교문화 속에서 새롭게 강조되고 발전된 이상적인 인간상이라 할 수 있다. 조선조에 접어들어 선비정신으로 표현되는 유학적 자질을 갖춘 실천적인 인간상은 국가 생명력의 원기로서 높이 추앙되었다. 그것은 계층과 신분적 의미를 떠나 눈앞의 이익에 굴하지 않고 옳은 가치를 추구하고 몸소 실천하는 삶의 자세와 관련되어 있다. 그러므로 한국 유학의 교육적 이상형이라 할 수 있는 선비 상을 검토하는 작업은 한국 유학이 지향하고 있는 이상적인 인간상의 성격을 살피는 일이자 전인교육의 모델로서 계승가능성을 점검해 보는 일이기도 하다.

본 절에서는 금장태의 논의[96]를 중심으로 유학에서 말하는 선비정신의 특성을 정리하고자 한다.

(2) 선비의 출현배경 의의

금장태는 선비가 周代이래 봉건사회의 한 계층이었으나 공자에 이르러 유교적 인격과 교양을 담당하는 지식계층으로 새롭게 의미부여 되었다고 하였다. 그에 의하면, <士>는 벼슬하는 사람 <仕>을 뜻하며, 周

---

96) 금장태, "의리사상과 선비정신", 「한국사상의 심층연구」(서울 : 도서출판 우석, 1983).

代이래의 봉건계급 구조에서는 천자·제후·대부·사·서인의 오복제도(五服制度) 속에 한 계급을 이루고 있다. 여기서 사(士)는 행정의 서무를 맡는 하급관료로서 일정한 학식이 요구되었으면서 권력을 장악한 지배계층은 아니었다. 따라서 사는 봉건시대의 사회규범이나 지식체계를 전반적으로 담당하여 유지하는 봉사기능을 맡은 계층으로서 생산기능을 맡은 서인과 권력계층인 제후·대부의 사이에 놓여 있는 중간계층이라 할 수 있다. 그런데 춘추시대에 이르러 권력계층의 탐욕과 갈등으로 사회질서가 붕괴되었을 때 새로운 질서의 재건을 위한 요청에서 士에게 독특한 위치와 기능이 재인식되었던 것으로 보인다. 곧 공자에 이르러 유교이념을 재정리하고 새롭게 천명하는 과정에서 사는 부패한 귀족이나 권력계층이 아니라 유교적 인격과 교양을 담당하는 지식계층으로 부각되었던 것이다. 이 때의 사는 대부(大夫)로 진출하는 예비단계에 있는 사대부의 측면과 분리되어, 군자로서 유교적 인격을 기본 조건으로 하는 사군자(士君子)의 측면을 뚜렷하게 드러내는 것이라 할 수 있다는 것이다.97)

이처럼 공자에게 있어서, 선비가 지향하는 참된 가치는 지위나 생존을 넘어서 인격성에 있는 것임을 확인하게 된다. 맹자에서도 士가 유교이념의 담당자로서 강조되고 있다. 곧 그는 선비란, 뜻을 숭상하는 것<尙知>을 임무로 한다고 지적하고 그 뜻을 숭상하는 내용을 인의라고 밝혔다. 또한 선비는 일정한 생활근거<恒産>가 없이도 변함 없는 마음<恒心>을 가질 수 있는 인격이라 하며, 선비는 곤궁하여도 의를 잃지 않고 현달하여도 도를 벗어나지 않는다고 언명하고 있다. 이처럼 선비는 유교적 이념을 담당하는 인격으로서 굳세고 숭고한 뜻을 지녀야 할 것을 조건으로 하기 때문에 곤경과 난관 속에서 유교적 이념을 지키는 임무를 맡는 것으로 인정되었다.98)

---

97) 위의 책, 231쪽.

(3) 한국유학과 선비정신

韓國儒敎史를 통해볼 때 선비의 출현은 삼국시대로 거슬러 올라갈 수 있다. 2세기 말엽 고구려의 故國天王 때 을파소(乙巴素)나 3세기 말엽 봉상왕(烽上王) 때 국상이었던 창조리(倉助利), 그리고 5세기 초 신라의 눌지왕(訥祗王)때 유명한 박제상(朴提上)과 7세기 신라의 强首 등의 행적은 유학에서 말하는 충절과 의리사상의 실천을 보여 주는 것이라 할 수 있다.

이처럼 삼국시대로부터 유교이념이 한국인의 생활 속에 정착되면서 충절과 신의의 의리를 실현하는 인물이 출현한 것은 곧 유교이념의 역사적 발전과정에서 피어나는 꽃이요, 열매였다고 할 수 있다[99]. 역사가 증명하듯이, 선비정신이 활발하게 살아 움직일 때 유교이념도 강인하게 뿌리를 뻗고 가지를 치게 되는 것이요, 선비가 관료적 지배신분에 탐닉할 때에는 유교이념도 빛이 바랜 제도와 형식의 껍질만 굳어져 역사의 질곡이 될 뿐이었던 것이라 하겠다.

선비의 역할과 활동이 가장 두드러지게 나타난 것은 조선시대이고, 또한 유교의 사회이념으로서의 역할이 가장 융성하였던 시대도 조선시대라 할 수 있다. 주자학의 의리론(義理論)은 선비정신의 중추를 이루게 된다[100]. 조선시대의 선비정신은 특히 사림파의 실천정신에서 두드러진다. 선비는 권력의 편에 서서 합리화하는 것이 아니라 강상(綱常)의 편에 서서 권력을 견제하는 것이 본래의 기능이요, 입장이라고 볼 수 있는데 사림파에서 찾을 수 있는 것이다.

조선초기에 혁명세력을 중심으로 한 집권층인 훈구파에 대해, 강상

---

98) 위의 책, 232쪽.
99) 위의 책, 233쪽.
100) 위의 책, 234쪽.

론을 주장하며 초야에서 학문을 연마하는 사림파가 분별되어 나타나는 것은 바로 집권관료로서의 유학자와 구별되는 유교적 이념집단으로서의 선비계층이 성장하고 있는 사실을 말해준다. 사림은 의리를 이념적 핵심으로 지키면서 권력집단에 비판적이고 순수한 이상주의적 성격을 띠고 있음을 알 수 있다.[101]

성리학에서 천리(天理)를 지키고 인욕(人慾)을 억제하는 것이 수양의 기본 과제로 제시되었을 때, 선비는 모든 물질적 욕망을 억제하면서 의리를 지키는 것이 임무라 할 것이다. 退溪는 선비란 다른 사람의 세력과 지위에 굽히지 않는 것이며 저쪽에서 富를 가지고 있다면 나는 仁을 지키고 있는 것이고, 저쪽이 벼슬을 가지고 있다면 나는 의리를 지키고 있는 것이라 지적하여 부와 귀를 넘어서서 의리를 지닌 선비의 신념에 찬 당당한 모습을 보여주었다.[102] 실학파 朴趾源, 洪大容도 선비는 세력과 권력에 굽히지 않아야 함을 언급하였다. 이러한 선비의 이상적 모습을 栗谷도 「眞儒」라 하여, "나아가면 한 때에 道를 행하여 백성들에게 화락한 즐거움이 있게 하고, 물러나면 萬世에 敎를 드리워 배우는 이로 하여금 큰 잠에서 깨어나게 하는 것 「東湖問答」"이라 지적하였던 것이다.[103]

이처럼 조선시대의 선비는 권력으로부터 독립되어 그 의리사상의 정신적 무장 속에 권력의 타락을 견제할 수 있고, 권력을 이끌어갈 수 있을 때 국가의 안정이 가능했던 것이 사실인 만큼, 또한 선비의 갈등과 정신적 쇠퇴에서 사회적 혼란이 깊어갔던 것도 사실이라고[104] 할 수 있겠다.

선비정신이란 구체적으로 의리의 실천을 통해서 발현된다고 할 수

---

101) 위의 책, 235~236쪽.
102) 위의 책, 237쪽.
103) 위의 책, 238쪽에서 재인용.
104) 위의 책, 239쪽.

있다. 금장태는 의리를 다음의 세 가지로 나누어 설명하고 있다.

첫째, 義勇과 危難에의 투지를 의미한다. 위난에 처하여 의리의 실천을 회피한다면 의리는 그저 관념 속에나 남는 것이 된다. 의리는 신념과 용기를 동반함으로써 비로소 강인한 결정으로 나타낼 수 있게 된다는 것이다. 신라 화랑들과 장사들의 경우가 그러했고, 조선시대 임진왜란 때 趙憲과 칠백의사의 경우가 그러했다. 이순신의 위대한 전공을 칭송할 때도 그가 단지 지모나 용맹이 뛰어난 무장이 아니라, 의리에 바탕을 둔 확고한 사생관(死生觀)에서 발휘되었던 의용을 구현한 선비정신의 소유자이었음을 인식할 필요가 있다는 것이다.

둘째, 의리는 節義와 불굴의 節槪를 의미한다. 절의는 현실의 위압이나 유혹을 거부하고 자신의 신념을 지켜나가는 내면의 투쟁이요, 굽힐줄 모르는 志氣라 할 수 있다. 의리를 지켜 죽음을 당하여도 굽히지 않는 절개는 정몽주의 고려 왕조를 위한 충절에도 볼 수 있고, 사육신이 세조의 찬위에 대한 저항의 사절(死節)에서도 볼 수 있다.

셋째, 의리는 大義와 역사에의 신념을 의미한다. 유교이념에 비추어 가장 중대한 의리는 국가 간의 신의에서 제기되고 또한 역사의 필연적 방향이요 정당성으로서 제기되는 의리에서 발견되는 대의인 것이다. 국가가 눈앞의 이익을 버리면서 신의를 지켜야 한다는 먼 장래를 내다보는 의리관은 곧 역사에 대한 신뢰 속에서 대의를 추구하는 것이라 할 수 있다.

이러한 대의론에 따라 조선 왕조는 청조에 대한 저항정신을 선비의 기본정신으로 확립하였던 것이다. 한말에 선비들이 서양과 일제의 침략 앞에서도 척사위정론(斥邪衛正論)을 내세운 것은 침략세력을 불의의 사(邪)로 규정하고 우리의 역사적 전통을 정도로 인식하는 데 근거를 두고 있다고 한다.

그런데, 의리는 흔히 오늘날 사회정의라는 개념 아래서 제시되는 객관적 규범체계보다는 인격적 기반을 더욱 강하게 받아들이고 있음으로써 이 세계를 보다 더 인간과 인격을 통하여 이해하는 것이라 할 수 있다는 것이다.105) 즉, 의리의 실현주체로서 인간과 인격의 실천성을 중시하고 있다고 할 수 있다.

의리의 실천주체로서 선비는 또한 유학적 소양을 구비한, 지성적 판단력을 구비한 학자이요, 백성을 계도하는 성직자이기도 하다. 선비는 경전을 학습하고 경전의 이념으로써 진리를 밝히는 과업을 맡음으로서 모든 상황 속에서 참된 판단을 제공하는 역할을 담당하였다. 선비는 학식과 덕망을 갖춘 인격이므로 그 지성도 올바른 지식을 지니는 동시에 모범적인 행동의 실천력도 지니는 것이라 볼 수 있다. 그러나 선비는 지성인이요 학자로서의 기능에 그치는 것이 아니라 유교사회에서는 유교이념을 밝히고 이에 따라 대중을 감화시키며 이끌어 가는 성직자의 기능도 갖고 있다는 것이다.106)

(4) 교육적 이상형으로서의 선비

이상과 같은 논의를 통해보았을 때, 금장태가 말하는 선비란 크게 두 가지의 특성을 구비하고 실천하는 사람이라고 요약할 수 있다. 첫째는 물질적 욕망과 권력, 심지어 생명의 위협에도 굴하지 않고 올바른 가치관과 신념, 대의를 지키기 위해 목숨을 초개와 같이 버리면서 저항할 수 있는 의리의 실천 주체라 할 수 있다. 둘째는 유학경전에 대한 폭넓은 교양을 구비하고 올바르게 판단하여 백성을 정신적으로 지도할 수 있는 학자라 할 수 있다.

물론 금장태는 선비정신의 발현이라는 측면에서 의리의 실천성을 핵

---

105) 위의 책, 247~248쪽.
106) 위의 책, 248~249쪽.

심으로 강조하고 있음이 명백하다. 선비정신이란 실천성을 통해 검증될 수 있는 것이라고 해야할까. 그런데 이렇게 정리해놓고 보면, 너무 강직한 이미지를 떨쳐버릴 수 없다. 물론 꼿꼿하고 대쪽같은 강직함이야말로 의리의 특성이기도 하다. 인(仁)이 따뜻함과 포용력 있는 온유한 인격성을 나타낸다면, 의(義)는 옳고 그름을 분별하고 사사로움을 물리치면서 옳은 것을 추구하려는 특징을 지녔기 때문이다.

그런데 조선조의 선비 상 역시 우리 전래의 선비 상을 계승·발전시켜서 새롭게 창조해 낸 인간상이라는 필자의 관점을 유지하기 위해, 도의 연마와 의리의 실천이라는 강직한 도덕성, 방정함과 함께 <신바람>과 <멋>이 있는 심미적 놀이의 정서적 특성이 포함되어야 한다고 생각한다.

그런 점에서 김정환의 선비에 대한 성격 규정이 의미 있는 시사를 줄 수 있으리라 판단된다. 김정환은 바람직한 인간상은 유교에 있어서는 仁者였고, 우리나라에서는 선비였다고 구분하면서, 선비는 학자적 기질, 시인적 기질, 지사적 기질을 고루 갖춘, 우리나라의 역사가 다듬어 낸 유교적 仁者像이요, 결코 요사이 유행하고 있는 技能人은 아니라고 밝혔다.107)

그는 "저는 옛날부터 선비적 인간상이란 말을 많이 써 왔죠. 글을 소중히 여기는 학자적 기질, 삶을 아름답게 지킬 수 있는 예술적 기질, 사실 한국 사람들은 참 놀기를 좋아하지 않아요? 그 기질은 예술적 기질이 아닐까요. 관광버스 타면서부터 계속 니나노 하는데, 그걸 제대로 해석하자면 인생을 즐기고, 아름다움을 중히 여기는 기질이라고 할 수 있을 것 같아요. 그 다음에는 지사적 기질, 곧 재야적 기질을 말하는데, 수틀리면 사표 내던지는 그런 정의 감각을 말해요. 이 세 가지가

---

107) 김정환, 「교육철학」(서울 : 박영사, 1989), 305쪽.

갖추어진 것이 선비적 인간상입니다"라고 하여, 시인적 기질과 예술적 기질을 같은 성격으로 보았다.[108]

김정환이 보는 선비적 인간상에는 인생의 여유를 즐기면서 삶을 아름답게 지킬 수 있는 예술적 기질이 중요한 특성으로 자리잡고 있다. 그가 말하는 예술적 기질이란 <신바람>과 <멋>이 있는 놀이 정신, 즉 풍류를 즐길 줄 아는 정서적, 심미적 속성을 의미하는 것이 분명해 보인다.

한기언도 일찍이 한국의 교육적 이상형으로서의 선비를 예술성이 강한 '멋있는 사람'으로 보았다. 그는 '선비'는 학덕겸비인(學德兼備人)이요 단아(端雅)한 文士라는 뜻에서 나아가 修養된 能力人이요 겸손(謙遜)한 能力人이요 나아가 職業의 여하를 물을 것 없이 도처에 '멋있는 사람'이 있다고 보거니와 그들이 곧 '선비'라고 할 수 있으리라[109]고 하였다.

그는 선비는 그 옛날의 계급적 지칭도 아니며, 이른바 '지성인'과 동의어로 해석할 것이 아니라, 도리어 직업이 무엇이고간에 각계 각층에서 탁월(卓越)한 能力者요 道德人일 때 우리는 그를 '멋있는 사람'이라고 부를 수 있을 것이요, 그는 '歷史的 意識人'이요 '현대적 선비'라고 여기고 있는 것이다[110].

그는 '멋'을 한국인 형성의 核사상으로 상정하면서 일관되게 그의 교육철학인 '기초주의(基礎主義)'를 전개해 왔는데, '멋'이란 '맛'에서 온 전이어(轉移語)요, 調和를 뜻하며 정수(精粹, essence)와 우아(優雅, elegance)의 경지를 말하는 것으로 보았다. 그는 특히 '멋'이 한민족의 예술성과 관계가 깊다고 보았으며, '멋있는 사람'이란 뚜렷한 개성을 지닌 조화

---

108) 김정환, "다시 교육의 본질을 생각한다", 『처음처럼』(내일을 여는 책, 1998년 5~6월호 통권 제7호), 115쪽.
109) 韓基彦, 『韓國思想과 教育 ―韓國教育哲學의 探究―』(서울 : 일조각, 1978), 44쪽.
110) 위의 책, 52쪽.

된 인간으로서 정수와 우아의 특성을 지닌 '선비'라고 본 것이다.

이처럼 김정환과 한기언 모두 '선비'를 한국의 교육적 이상형으로 여기고 있으면서, 선비의 중요한 속성 중의 하나가 '예술적 기질을 지닌 그리고 멋있는' 성격과 밀접하게 관계되고 있음을 보여주고 있다. 이렇게 선비를 정의한다면, 상고시대의 '선비'의 성격은 물론, 도덕적 방정성과 놀이중시의 심미적 정서성이 조화와 융합을 이루면서 발달한 화랑도의 정신과도 맥락을 같이하게 된다.

어찌 보면 <신바람>과 <멋>이 있는 놀이, 즉 풍류를 즐길 줄 아는 빼어나면서도 인생의 여유를 즐기면서 삶을 아름답게 가꿀 수 있는 예술적 기질을 구비한 사람만이 목전의 이해나, 부귀와 권력에 쉽게 야합하지 않고 절개와 지조를 지킬 수 있는 것이 아닌가 판단해 볼 수 있다.

왜냐하면 진정 풍류를 즐길 줄 아는 예술적 기질이란 성패와 부귀에 연연치 않을 때만 가능한 것이기 때문이다. 그리고 그럴 때에 진정 '멋있는 사람'이라 할 수 있을 것이다.

5. 한국 성리학의 교수-학습방법

한국 유학의 교수-학습방법을 살펴보자고 하면 많은 이들은 의아해 할 것이다. 유교경전을 암송하는 것 이외에 무슨 특별한 교수-학습의 원리가 있는가 하고 되물을지 모르겠다.

사실 성리학에 근거한 우리의 전통교육에 헤르바르트의 교수단계나 듀이의 사고의 단계에서 보는 것과 같은 교수방법의 체계화 논의도 없었으며, S-R학습이론이나 인지-통찰학습이론과 같은 이름을 붙일 만한 학습체제의 이해도 없었다고 할 수 있다. 현재적 의미의 효율적 교수-학습을 위한 교수방법은 모두 서구에서 빌려온 것이라 할 수 있다. 그러므로 이러한 반응들은 당연한 것이라고 해야 할 것이다.

한국 유학의 교수방법과 교수-학습에 대한 비판은 구 교육의 병폐를 퇴치하고 조속히 서구의 앞선 교육, 즉 신교육을 받아들여 自强富國을 도모하고자 하였던 애국계몽사상가들에 의해 본격적으로 제기되었다. 박은식은 당시의 유교교육은 모두 通讀을 위주로 하고 온종일 쓰기만 하는 교육이어서 苗木과 같은 유아들의 성장을 억압하고 있다고 비판했다. 또한 읽고 쓰기만 하여 字句는 구독(口讀)하나 그 뜻은 이해하지 못하고, 앉아서 벽을 향해 구독하기 때문에 신체의 성장도 기를 수 없으며 배우기가 싫어지고 평생을 공부해도 사물의 이해에도 도움이 되지 않는다고 구식교육을 통박했다[111].

유길준 역시 이러한 유학의 교육-학습을 앵무새교육이라고 비판했다[112]. 이들은 그러한 구식교육대신에 아동의 천성에 따르는 교육으로서 실물위주, 관찰위주의 교육, 체조교육, 이해와 단계별교육을 시킬 것을 강조하였다. 한마디로 성리학적 방법을 버리고 서구의 과학적인 교육방법으로 전환해야 한다는 것이다.

오늘날에도 대부분의 사람들은 유학의 교육방법은 현대 서양의 교육학에서 '그릇된' 방법이라고 낙인찍힌 '서적중심의 맹목적 암기'에 의한 교육이라고 치부해 버릴 것이다.

그런데 문제는 박은식, 유길준의 지적처럼 그리고 많은 이들이 비판하는 것처럼 정말 우리의 유교교육, 성리학이 학습자들을 수동적 존재로 보고 학습자들의 성장을 억압하고 있는 무조건적 암기 위주의 교육이었는가를 심도 있게 살펴볼 필요가 있다고 여겨진다. 서적중심의 암기교육이요 청산할 대상이라고 일반화시켜 비판할 수 있는가 하는 것

---

111) 朴殷植, 「學規新論」 중의 "論學要活法", 11~12쪽 참조.
112) 兪吉濬, "小學敎育에 對한 意見", 「兪吉濬全書」(서울 ; 一潮閣, 1971), 257~258쪽 참조.

은 진위를 체계적으로 따져볼 필요가 있는 중요한 문제라고 할 수 있다. 왜냐하면, 우주의 보편원리로서 性命義理의 인간윤리의 당위성까지 정당화시키려는 포괄적인 사유체제를 지닌 한국 성리학의 지식체계는 단순한 암기라든지 字句위주의 교육방식으로는 결코 접근할 수 없으리라는 추측이 가능하기 때문이다. 오히려 성리학적 학문체계를 학습자들에게 접근시키려는 나름대로의 합리적인 교육-학습방식이 있었으리라 믿는 것이 더욱 적절한 기대일 수 있다.

그러므로 본 절에서는 한국 성리학의 교수-학습행위를 구체적으로 살펴보고, 교육행위 면에서의 기존의 낙인을 확인해 보고자 한다. 그리고 추측대로 합리적이고 의미 있는 교수-학습행위의 원리를 발견한다면 함께 전통계승과 발전방향도 논의해 볼 수 있을 것이다.

(1) 한국 성리학 교수-학습의 사상적 배경

앞에서 밝혔듯이, 중국에서의 성리학의 발흥은 老·佛 특히 이교인 불교의 발흥에 대해 漢族중심의 중화주의 정신에 의거해 그것을 학문적으로 극복하고 대항할 수 있도록 유교의 전통을 새롭게 회복시키려는 의지에서 비롯되었다. 불교의 禪宗의 우수성에 위기감을 느낀 宋代의 儒者들은 교육방법에 있어서 불교의 坐禪과 內省을 통해 直指人心見性成佛하는 頓悟的 上達의 수양방법 대신에, 점진적 수양을 통한 下學而上達하는 방법을 채택하고자 하였으며, 특히 주희(1130~1200)에 와서 체계화되었다.

중국의 성리학은 원·명 교체기라는 동아시아 세력의 재편기인 麗末에 들어 국가이념으로서 제구실을 못하고 있던 불교를 대신하는 사상체계로서 본격적으로 수용되었다. 그 후 조선 초에는 정교의 이념으로 채택되고 역성혁명을 합리화하는 사상토대의 구실을 하였으며, 대의와 절개를 중시하는 사림파들의 道統思想으로 발전하였다. 그러나 중국의 성리학과 확연히 구별되고 한국 성리학으로서 자리잡은 것은 조선중기 퇴계와 율곡의 心性論에 이르러서 이고, 이것은 人物性同異論爭으로 까지 발전하게 된다. 그러다가 예학논쟁을 기점으로 당쟁의 도구로 전락하면서 차츰 그 사상적 영향력을 잃게 되었으며, 춘추 대의명분이라는 구실 하에 자기변혁에 실패하게 되어 실학자들에 의해 심한 공박을 받게 된다.

禪宗의 영향을 받아 새롭게 등장한 성리학은 存心養性과 窮理를 중시함으로서 종래의 유학을 형이상학적으로 재구성하고 발전시켰다. 성리학의 주요문제는 우주론과 심성론, 도덕론<윤리론>, 인식론이라 할 수 있다. 중국의 성리학이 객관적 우주론적 측면에서 理·氣의 문제를 다룬 반면 한국의 성리학은 인성론의 문제를 보다 절실한 내면적인 주체성에서 파악했으며, 이 점 중국의 성리학에서 보다 진일보한 것으로 평가되고 있다(유승국, 1976, 39쪽).

한국의 성리학은 강한 윤리성을 동반하고 있어서 君子와 小人이라는 양극단의 도덕적 품성에 근거한 차별성으로 사회의 도덕적 타락을 견지하였으며, 절의와 대의를 위해서는 죽음도 불사한다는 행동 윤리적인 실천성을 견지하고 있었다. 그러므로 한국 성리학이 그 특성에 있어 程朱學 절대 우위의 성리학, 주지주의·예 숭상의 풍조, 명분론적 사유의 팽배, 주지론의 보수성 등을 견지하고 있었다[113]는 부정적 측면도 지니고 있었으나, 인성론을 중시하여 인간존중의 정신을 견지하였으며 실천윤리적 성격이 강한 학문체계였다.

불교나 도교가 인간의 고뇌문제를 심층적으로 다루었고 해탈이나 초월을 집중적으로 연구하였으나 이는 어디까지나 현실세계를 떠나서 자기수련에 노력한 면이 두드러진다. 이에 비해 성리학은 구체적인 사회

---

113) 尹絲淳, "韓國 性理學의 전개와 특징", 「韓國思想의 深層研究」(서울 ; 宇石, 1983), 193쪽.

한
국
유
학
사
상
과
교
육

133

현실 속에 적용해 가면서 修己의 길을 연구하고 실천하였다. 따라서 내세의 문제와 삶의 근원적 의미에 대한 탐구가 다루어지는 종교적, 실존적인 차원이 미약하였다고도 할 수 있다. 그러나 인간의 현실적인 갈등과 좌절로 충만된 문제들을 해결하고 적용해 나갈 수 있게 하는 나름대로의 심리적 적용방식이 전개되었으며, 이런 점에서 성리학이 지닌 적용심리학적 접근이 최근 관심의 대상이 되고 있다114). 道心에 의해 人心을 다스리며 敬과 誠을 견지함으로서 욕심과 좌절, 갈등과 잡념 등을 극복하는 성리학에서의 성숙인격자의 추구는 자아실현을 추구하는 서구의 심리학적 경향에 가치로운 모델로서 제시되기도 한다. 특히 현실세계에 발을 딛고 聖人과 君子라는 이상적 인간상을 지향시키기 위한 노력으로 교육을 중시하였다.

(2) 교수-학습의 이해를 위한 교육사상적 특성

① 전체적이고 순환적인 우주관

한국 성리학은 전체적이고 순환적인 우주관 속에 인간을 위치 지움으로써 일체감과 안정감을 형성하고 있다. 우주는 <세계는> 한 시의 쉬임도 없이 '自强不息'하고 있는 動的 과정이며, 또한 순환적 과정으로 파악되고 있다.

그러므로 天地自然이나 인간관계에 대한 성리학적인 지각은 天地自然을 가족의 投射 또는 일반화선상에 둠으로써 친근감과 안정감을 확보하고 있다. 즉, 陽中不能無陰 陰中不能無陽의 순환적 우주관에서 樂中有憂 憂中有樂의 인생관이 도출되어 어떤 상황에서도 극단에 치우치지 않는 중용적인 생활태도를 지니게 되는 것이다.

유교경전의 결정판이라고 할 수 있는 「周易」에는 이러한 순환적이고

---

114) 성리학에 관련된 주요 연구들은 鄭良殷(1970), 李相魯(1974, 1979, 1980), 金聖泰(1976, 1982), 任能彬(1980, 1981, 1982, 1983) 등이 있다.

전체적인 우주관·세계관이 함축적으로 잘 나타나 있다. 예로서 「周易」 첫 卦(乾)의 '上九'의 의미는 '亢龍이니 有悔'라는 말로 표현되어 있다. '亢龍'이란 '나아갈 줄만 알고 물러갈 줄은 모르며, 흥하는 것만 알고 망하는 것은 모르며, 얻는 것만 알고 잃는 것을 모르는' 상태를 말한 다. '亢龍有悔'란 그러한 상태를 경고하고 있다. 이는 만사가 잘 될 때 일수록 두려워하는 자세를 가르쳐 주며, 중용의 삶이 필요하다는 것을 말해주는 것이다.

② 부단히 수양해야 할 인간관

성리학은 우주와 인간, 天理와 人性의 合一문제를 중시한다. 인간의 품성은 하늘에서 부여받은 것으로 누구나 똑같은 본연의 성의로서 동 일한 理를 지니고 있어서 본성적으로 선하다고 보았다.

그런데 인간의 본성의 선함은 누구에게나 동일하나 어질고 못나고, 지혜롭고 어리석음 등의 차이가 나는 것은 氣質의 차이라는 것이다. 즉, 사람이 악하게 되고 어리석게 되는 원인은 외물(外物)에 가리워져 감각적 자연본능으로 말미암게 된다는 것이다. 그러므로 氣質의 약함 에 의해서 유혹에 빠지는 것을 늘 경계하여 본성의 품성을 잃지 말아 야 함을 성리학은 중시한다.

성리학에서의 인간의 품성인 性을 구분한 것과 같이 마음, 즉 心도 人心과 道心으로 구분한다. 人心과 道心은 形氣之私와 性命之正에서 유래하는 생래적인 것으로, 도덕적 위기는 인심과 도심이 혼재해 있어 心에 의해 인지적 식별이 어렵고 통제가 되는 않는 상태를 말한다. 그 때의 도덕적 위기의 해결은 人心과 道心을 분명히 구분해서 道心이 主 가 되고 人心이 從이 되는 심리내적인 질서를 분명히 하는 데에 있다.

성리학의 인간관을 볼 때 수양의 측면, 즉 교육을 통해 本然之性과 道心을 회복하는 것이 무엇보다도 관건이 됨을 알 수 있다.

③ 格物致知의 인식론

성리학에서 앎에 이르는 인식과정은 객관적 사물의 理와 주관적 인간의 知의 관련성 속에서 파악된다. 인식주체의 知를 밝히려 하면 인식대상인 사물에 나아가 그 관계속에서 밝힌다는 것이다. 인간에는 선천적인 靈知의 합리성<理>이 있고 사물에도 理致가 내재하여 주객이 분리되지 않고 만나서 작용할 때에 인식이 성립될 수 있다는 것이다. 다시 말하여 인간주체의 선천적인 합리성과 사물의 실재적 경험성과의 관계에서 인식이 가능하며 진리가 인식되는 것이라고 본다. 이것이 '格物致知'의 의미이다.

이런 면에서 성리학은 넓은 의미에서 인식대상의 입장에 있는 실재론(Realism)과 인식주체의 입장에 있는 관념론(Idealism)의 대립을 극복하고 조화했다고 할 수 있다.

④ 持敬의 중시

한국 성리학은 학습자의 학문수양에 있어서 敬의 자세를 무엇보다도 요체로 삼았다.

氣質의 가리움과 人欲을 제거함으로서만 성숙인격자로서의 성인과 군자가 될 수 있다고 여기는 성리학에 있어서, 敬은 理가 主가 되고 氣가 從이 되는 개인내적인 질서를 수립하여 도덕적인 행동을 가능하게 하는 역할을 하는 실체로 파악되고 있다. 뿐만 아니라 敬은 학습자들에게 外物의 유혹과 잡념을 떨쳐버리고 '格物致知'에 이르게 하는 요체로 여겨지고 있다.

'格物致知'는 갑자기 이루어지는 것이 아니라 오랜 노력을 통하여 그 사람의 역량에 따라 성취되는 것으로, 여기서 敬의 자세가 중요하다. 敬에 대한 성리학자들의 대표적인 정의는 다음과 같다.

· 謝上蔡-"항상 깨어 있는 법이다"(常惺惺法).

· 程伊川-"마음을 오로지 하여 일체의 잡념도 없는 경지요, 가지런히 마음이 정돈되고 엄숙한 경지이다"(主一無適 整齊嚴肅).

· 尹和靖-"그 마음을 거두어 들여 어떠한 사물도 그 마음 속에 용납하지 아니하는 것이다"(其心收斂 不容一物).

결국 敬이란 항상 두려워하며, 주의 집중하여 마음의 분산이 없고 마음을 한 곳으로 수렴하는 것이요, 초롱초롱 맑게 깨어있는 상태요 자세라 할 수 있다. 특히 율곡은 "몸의 주재는 마음이며, 마음의 주재는 敬이다"(心一身之主宰 而敬又一心之主宰)고 하였으며, 퇴계는 "敬은 마음의 주재이고 만사의 근본이다"(敬者一心之主宰 而萬事之本根也)라고 하여 敬을 중시하였다. 敬은 인식주체자인 학습자의 게으르고 잡념과 욕심에 유혹 받기 쉬운 마음과 몽롱한 마음을 인식대상의 한 곳으로 주의 집중시켜 주며, 항상 깨어있게 하는 작용을 하므로 학습에 있어서 필수적인 것이다.

⑤ 學과 思의 竝進

유학에 있어서 학습의 토대는 學과 思라 할 것이다. 學은 스승을 통해 경전을 통해 그리고 일상생활 속에서 배우는 것이요, 思는 그것을 학습자 편에서의 사고과정을 의미한다. 공자는 이른바 "배우기만 하고 생각하지 않으면 어둡고, 생각하기만 하고 배우지 않으면 위태하다"(學而不思卽罔 思而不學卽殆)라고 말함으로써 경험적 지식의 습득과 주관적 사고의 필요성을 역설했다. 배운 바를 생각하여 앎에 돈독해진다는 것이 유학의 학습의 요체인 것이다. 여기서 思는 학습자의 자발적 이해요 사고의 창조화 과정이라고 할 수 있다.

(3) 한국 성리학의 교수-학습방법

현대의 교육학에서 논의되고 있듯이 교수-학습방법은 교육목표의 설정과 그리고 가르쳐야 할 교육내용과 깊은 관련이 있다. 일정한 목표가 없거나 내용이 없는 교육이란 엄격한 의미에서 존재한다고 볼 수 있다. 물론 교육의 목표를 경험을 통한 계속적인 성장이요, 성장자체를 교육의 목표로 보는 관점이 오늘날 우리교육에 큰 영향을 미치고 자리 잡고 있다. 또한 교육에서 가르쳐야 할 일정한 지식체계로서의 교과내용이 아닌 사고하고 문제를 해결해 가는 과정자체를 중시하는 논의 역시 같은 맥락에서 자리잡고 있다. 그러나 엄격한 의미에서 바람직한 그리고 가치로운 방향으로서의 성장만이 교육의 목표가 될 수 있고, 내용 없는 사고과정이란 상정할 수 없다.

한국 성리학의 교육목표는 유학의 修己·治人할 수 있는 성숙인격자로서의 성인과 군자를 양성하는 것이었다. 물론 군자는 한국적 유학 풍토 속에서 이상적 인격자로 여겨지던 선비를 의미한다. 즉, 자기 이익에 사로잡히거나 현실참여를 거부하는 유약한 지식인이 아닌 실천궁행할 수 있는 인격자를 양성하려고 했다. 그리고 이러한 교육목표를 달성하기 위한 교육내용은 성현의 말씀 즉, 경전이었다.

그런데 四書五經으로 대표되는 유교경전은 漢字로 기술되어 있다. 그러므로 경전은 쓰여진 한자의 특성 때문에 또 그것을 쓴 사람의 글쓰는 방식 때문에 고도로 압축된 의미를 표현하고 있다. 유교경전에 나와 있는 문장은 그 해석의 폭이 넓고 깊이가 깊어서, 그것에 담긴 의미를 깨닫기 위해서는 학습자 편에서의 오랜 기간의 反芻와 思索이 필요하다. 또한 유교경전의 문단이나 절에 제시된 아이디어들 상호간의 관련은 명시적으로 나타나 있는 것이 아니라 암시적으로 책 전체에 스며 있으므로, 이 관련을 파악하는 데에도 학습자의 노력이 필요하다. 이것은 한 경전 안에서만 그런 것이 아니라 경전들 사이에서도 마찬가지이다.

학습자료로서의 유교경전은 대체로 그 배우는 순서, 즉 계열이 결정되어 있으며, 이와 같이 계열화된 유교 경전의 내용은 서로 관련되어 있어서, 학습자는 하나의 아이디어를 다른 것들과 관련지어 파악하게 되어 있다. 학습자료로서의 유교경전이 이런 성격을 가지고 있기 때문에 하나하나의 아이디어는 따로따로 이해될 수 있는 것이 아니라, 그 의미가 하나의 경전 전체, 그리고 크게는 유학의 내용 전체에 의존하고 있다. 따라서 그것의 이해도 그런 관련 속에서 이루어진다.

그러므로 한국성리학의 경우에 교육방법이라는 것은 거의 전적으로 교육내용의 조직, 유교 경전의 조직에 의해 결정되었다고 해야 할 것이다. 바로 이러한 이유 때문에 이홍우가 지적하는 것처럼, 다양한 종류의 교육내용에 보편적으로 적용되는 '形式'으로서의 교육방법, 즉 사고나 이해의 과정에 따라 체계화된 서양적 개념의 교육방법은 없었다고[115] 해야 할지 모르겠다.

어쨌든, 한국 성리학의 교수-학습방법은 교육목표와 교육내용의 성격과 밀접한 관련을 지니고 있으며, 특히 교육내용으로서의 유교경전의 특성과 깊이 관련되어 있다. 그러면 좀더 구체적으로 한국 성리학의 교수행위와 학습방법에 대해 알아보도록 하자.

① 한국 성리학의 교수방법
㈎ 「小學」중심의 기초중시의 교수방법

박연호는 성리학의 교수방식의 특징으로서 「小學」을 중시한 근본배양설의 입장을 견지했으며, 동몽교육에 대한 주자의 관점을 1) 선함양후치지설(先涵養後致知說) 2) 소학-대학계제설(小學-大學階梯說) 3) 학불엽등(學不獵等)과 지경(持敬)으로 정리했는데, 持敬을 제외하고는 모두 기초중시의 단계적 교수방식이라고 할 수 있다.

先涵養後致知說이란 지력이 충분히 발달치 못한 童蒙시절에는 格物

---

115) 이홍우, "教授行爲 硏究", 「韓國敎育學의 探索」, 1985, 70~76쪽.

致知에 앞서 「小學」을 통해 灑掃應待와 進退의 예절 등을 먼저 함양해야 하며, 致知와 力行은 그 이후의 학습단계라는 것이다. 小學-大學階梯說은 교육내용에 있어서 小學은 일상생활에서 孝悌忠信을 실천하는 구체적인 일을 배우고, 大學에서는 孝悌忠信의 이론적 근거를 배운다는 것이다.

그리고 學不獵等이란 배움이란 단계가 있는 법이므로 단계를 무시하고 뛰어넘어서는 안된다는 것이다.

한국 성리학도 아동교육에 있어서 「小學」을 중심으로 배움의 기초를 다지고자 했으며, 학문에 있어서 단계를 뛰어넘는 것을 경계하였다.

고려 말의 대표적인 성리학자요 교육가인 목은 이색은,

> 배움에 대소를 나눈 것은 각각 때가 있음이며 덕을 쌓고 지식을 갖춤에는 반드시 기초가 있어야 하니 입교와 명륜은 우주에 두루미치는 것이며 가언과 선행의 차도 구분되는 것이다. (중략) 나의 자손에게 고하노니 마땅히 근본에 힘쓰고 종용하여 중도를 지키되 갈래길을 좇지 말 것이다.[116]

라고 하여, 학문을 함에는 근본과 기초가 있으니, 갈래 길을 좇지 말고 이 근본과 기초에 힘써야 한다는 것을 자손들에게 강조하였다.

그는 또한, "그러나 비록 먼 곳을 가려면 반드시 가까운 곳에서부터 시작해야 하고 높은 곳을 오르려면 반드시 낮은 곳에서부터 시작해야 한다. 뜰 안을 물 뿌리고 쓰는 것은 곧 백성의 법이요 닭이 울면 일어나서 마땅히 부지런히 일해야 하는 것은 (중략) 그 의관을 바르게 하고 그 보는 것을 높이 하라고 하지 않았는가"[117]라고 하여, 쇄소응대(灑掃應待)와 부지런함이 학문의 기초임을 밝히고 먼 곳과 높은 곳에 이르기

---

116) 「學分大小 各因時 精德順知必有基 立敎明倫 彌宇宙 喜言嘉行 析毫釐 告彌子孫 宜務本從容中道 莫趨岐」(「牧隱集」, 詩, 睡起聞雞聲).
117) 위의책, 說, 孟儀說.

위해서는 먼저 가깝고 낮은 곳부터 시작해야 한다는 것을 역설하였다. 즉, 목은의 교수방법은 灑掃應待로 시작해 자기 몸을 닦고 집을 정제하여 결국 천하를 태평하게 하는 데까지 이르는 下學而上達式의 방법이었으며, 갈래 길을 좇아 방만하게 학문을 하는 것이 아닌 기초를 중시하고 그것을 확실히 하는 방법이었다.

권근도 교육의 요체는 近小를 먼저하고 遠大를 나중이 하여 어렸을 때부터 灑掃應待에 익숙하게 하며 또 성장하여서는 예의와 염치에 힘쓰며 心身事物과 인사에 자기의 직책을 다하도록 하는데 있다고 보았다. 그리고 이에 이르기 위해 「小學」을 중시하여, "小學은 인륜에 필요한 것이니 무엇보다도 이 책을 읽어야 한다"[118]고 했다. 그는 또 태종에게 올린 「권학사목」에서도 "小學之會는 인륜에 절하니 이제부터 京外生徒로 하여금 이 책을 미리 읽게 하고 다음에 비로소 다른 책을 읽도록 하며, 生員試에 기하거나 太學에 드는 자에게 成均館 正錄所를 시켜 小學의 通否를 먼저 考査하여 부시(赴試)를 허락하고 이것을 영구히 恒式으로 삼으소서"[119]라고 하여 小學을 중시하였다.

조선조 일대를 통해, 특히 아동교육과 관련해 「小學」이 중시되었다. 조선전기부터 사족과 평민의 자제로서 사부학당과 향교에 취학하지 아니한 8, 9세부터 15, 16세에 이르는 아동들에 대한 교육이 제도화되었다. 즉, 중앙에는 아동교육을 담당하는 훈도 4명을 두었고, 각 지방에는 말단 행정구역까지 소학당을 설치해 아동교육을 담당하게 하였다.[120] 또한 명종 때의 京外學校 節目에 의하면, 중앙에는 童蒙訓專을 두고 지방에는 각 고을마다 학장을 두어 「小學」과 「論語」, 「孟子」, 「中庸」 등을 가르치게 하였으며, 監司들로 하여금 이들의 성적을 조사해

---

118) 「陽村集」卷 十二, 延安府 鄕校記.
119) 「太宗實錄」卷 十四, 五年 丁亥 十二月.
120) 「高麗史」卷 七, 十四, 選擧二學校.

우수한 자는 상을 주고 장려하고 학업을 마친 자는 鄕校로 진학하게
하였다.

「小學」을 중시하고 다른 경전들 보다 먼저 가르치게 함으로써 근본
과 기초를 바로 잡고자 하는 교수방식은 조선조 성리학교육의 일관된
방식이었다. 聖人의 경지에 이르는 것은 먼 곳에 있는 것이 아니라 가
깝고 낮은 것부터 시작하여 이를 수 있는 것이요, 小學과 大學의 정도
는 다르나 그 근본은 같은 것이므로 아동들에게 교육을 시킬 때는 灑
掃應待, 孝悌忠信의 구체적인 일을 배우는 기초적이고 필수적인 것부
터 가르쳐야 한다는 관점은 한국 성리학의 일대를 통해, 관학교육과
사림, 서원 등 사학교육에 이르기까지 일반적으로 받아들여지고 실시
되고 있었다.

(나) 難易에 따른 단계적 교수방법

또한 한국 성리학계에서 일반화했던 교수방식은 교육을 학습함에 내
용의 難易에 맞추어 단계적으로 학습시키는 것이었으며, 그 단계를 뛰
어넘는 것을 금하게 하였다. 이는 대표적인 고등교육기관이었던 成均
館의 敎育課程이 세조 12년에 설치한 九齊를 통한 교육과정으로 大學
→ 論語→ 孟子→ 中庸→ 書→ 詩→ 春秋→ 禮記→ 易의 순서로 순차
적으로 학습하도록 되어 있어서, 매년 봄 가을의 考講에 의해 승차(陞
次)하는 것을 원칙으로 삼았던 것에서도 잘 나타난다.

유교의 경전을 배움에도 순서가 있다는 것은 경전이 지니고 있는 난
이도, 내용의 계속성과 계열성이라는 측면에서 볼 때 당연한 것이다.
그리고 율곡과 퇴계를 비롯한 한국 성리학자들은 역시 독서에 대한 순
서와 요지를 정하는 등 효율적인 경전학습을 위한 계열성을 중시하였
다. 조선조 서당의 교육과정을 보더라도 천자문을 가르친 연후에 동몽
선습 등을 가르치고 소학과 쉬운 경전의 순서로 가르쳤음을 알 수 있
다. 특히 천자문 같은 것으로 單字를 가르치고, 동몽선습 같은 것으로

單字를 붙여 音讀하는 것을 가르친 연후에 句經의 文理를 가르치고, 더 나아가 문장을 가르치며 스스로 自解自得하는 데까지 이르도록 교육하는, 철저하게 難易에 따른 단계적 지도였다.

난이도와 내용의 중요성, 그리고 내용의 전후연결 등을 고려하여 순서대로 가르치는 것이 성리학의 일관된 교수방법이었던 것이다. "성인의 가르침에는 차례가 있는 것이니 가깝고 작은 것부터 시작하여 멀고 큰 것까지 나아가는 것이다"라는 점진적이고 단계적인 교육은 한국 성리학 교수방식의 원칙으로 수용되었다. 그리고 그에 따라 기초를 중시하는 「小學」중시의 경향과 난이도와 계속성 등을 고려하여 단계적으로 경전을 가르치는 경향이 교수방식의 전형으로 자리잡게 되었다.

(다) 본문의 講義→ 疑義·同異의 論駁과 辯析→ 主旨확립의 이해중
시 교수방법

아울러 한국의 성리학자들은 후학을 가르칠 때 학습자의 이해를 높여 주기 위한 교수방식을 사용했다. 권근이 「中庸」, 「大學」으로부터 출발하는 초학자들에게 성리학의 근본원리가 너무 어렵게 여겨진다는 것을 파악하고 「入學圖說」을 지어 그 내용을 잘 모르고서도 성리학적 사색을 할 수 있도록 함으로써 학습자들의 이해를 도모했다는 것은 유명하다. 그런데 경전을 가르칠 때 학습자들의 이해를 증진시키기 위한 일반적인 수업방식이 있었다.

특히 목은 이색의 수업방식이 가장 대표적인 예라 할 수 있다. 목은은 학문을 함에 마음으로 뜻을 이해하는 것이 매우 중요함을 간파하고, 성균관의 대사성으로 있으면서 후학들을 가르칠 때, 본문을 먼저 강의하고 疑義를 論難하고 異同을 변석절충(辯析折衷)하면서 主旨를 충분히 이해시키려고 하였다.

목은의 강의 방식은 난해한 경전의 내용을 가르칠 때 효율적이었으리라 생각되며, 비교적 쉬운 수준의 내용을 가르칠 때도 유용했으리라

여겨진다. 사실 서당의 수업도 크게 보아 같은 맥락을 띠고 있었다고 볼 수 있다. 지난 번 배운 것을 확인한 후에 훈장이 새로운 내용을 강의하고, 학생들의 질의에 따라 의문나거나 혼란이 오는 점을 논의하고 설명하여, 결국 그 날 배운 부분의 요지를 강화했을 것이다.

(라) 개인차에 맞는 개별지도

개인차에 맞는 학습지도는 현대 교육의 해결과제, 지향과제이다. 성리학의 교수방법은 난해한 경전의 특성과 학습자의 지적 능력의 차이에 대한 이해에 기초해 개인수준에 맞는 지도를 원칙으로 삼고 있었다. 인간은 衆人과 聖人을 막론하고 본성이 동일하나 다만 개개인의 氣質의 차에 의해서 청탁(淸濁), 현우(賢愚)의 차이가 난다. 그러나 氣質이라는 것은 고정적인 것이 아니요 변화시킬 수 있는 것이라는 것이 성리학의 인간본성관이다.

그리고 氣質의 차에서 오는 賢愚의 차이를 효율적으로 다룰 수 있는 것이 바로 개인차를 고려하는 교수방법이라 할 것이다. 사람에 따라 가르침을 달리한다거나 또는 재질에 따라 가르침을 베푼다는 교수원칙은 공자이래 유교교육의 한 특성이기도 했다. 남명 조식을 위시한 우리의 성리학자들은 '그 才에 인하여 가르치기를 두텁게 한다'는 논리로 개인차를 고려하여 후학들을 지도하였다. 특히 서당의 교수법은 전형적인 것이었다.

서당의 경우 학생들이 전날 배운 것을 완전히 音讀하고 훈장의 질문에 제대로 답해야 새로운 진도에 들어가는 개별교수였기 때문에 개인능력에 따라 학습량은 천차만별이었다.

이처럼 학습자의 재능에 따라 학습수준과 진도를 조절해 가르쳤던 개별화의 수업은 한국 성리학 교수방법의 또 하나의 특징이었다.

(마) 學行一致의 모범을 통한 교수방법

성리학은 학문과 도덕의 일치를 이상형으로 삼고자 하였으며, 가르침에도 실제의 사표로서 모범을 통한 교수를 중시하였다. 참된 스승은 성리학적 지식 면에서의 수월성을 지닌 자 일뿐더러 성숙한 윤리적 인격자였다. 이는 성리학의 경전내용 자체가 참된 사람의 길을 담고 있는 강한 윤리성을 지니고 있다는 사실과 무관하지 않다고 해야 할 것이다. 후학지도를 담당하는 박사와 조교, 그리고 훈장들에게 높은 학식과 함께 덕망을 요구했던 것은 당연한 것이었으며, 스승은 지식인에 머무르지 않고 실천궁행인을 자처했던 것도 쉽게 이해될 수 있다.

② 한국 성리학의 학습방법

㈎ 이해에 기초한 암송중시의 학습방법

암송은 학습자들이 그 날 배운 내용을 소리내어 읽으면서 반복하여 복습하는 학습방법이다. 그러나 이 때의 암송은 단순히 기계적이고 반복적인 암기식의 것은 아니었다. 성리학의 지식체계, 사유체계가 이해에 근거하지 않은 단순한 암송위주의 교수방식으로 접근될 수 있다고 보는 것은 성급한 판단일 수 있다. 더구나 단순한 기계적 암기를 통한 교수방식으로 보는 것은 성리학의 교육내용의 성격을 고려해 볼 때 성급하고 경솔한 판단이 될 수 있다.

성리학적인 지식체계는 단순한 암송과 字句에 매달리는 학습으로는 그 본질을 파악할 수 없으며, 깊이 있게 이해되지 않고는 도달할 수 없는 것이다. 즉, 학습자 스스로가 철저하게 내면화시켜서 이해하지 못하고서는 체계적인 접근이 불가능하다고 할 수 있다.

물론 성리학에서 문맥구조에 따라 소리내어 끊어서 읽는 암송은 중요한 역할을 한다. 문학적으로 표현된 경전의 문장의 이해를 돕기 위해 그 운율에 맞추어 암송하는 것은 능률적인 측면이 있기 때문이다. 그리고 경전을 보지 않고 운율에 맞게 제대로 암송한다는 것은 그 문장의 내용을 이해하였을 뿐만 아니라 기억 속에 암기했다는 것을 보여

주는 단적인 예도 될 수 있다.

그런데 문제는 이 때의 암송이란 무의미철자를 기계적으로 반복 암기하는 것과는 전혀 성격이 다르다는 것이다.[121] 그것은 철저하게 학습자 편에서의 적극적이고 자발적인 사고과정을 동반하는 암기요 암송것이다. 四書五經의 경우에 암기를 하는 것과 의미를 이해하는 것이 불가분의 관계로 연결되어 있어서, 암기를 하면서 동시에 그 의미를 이해하지 않는 일이란 거의 논리적으로 불가능하다. 유교경전을 학습할 때 운율에 따라 반복하여 소리내고 읽게 하는 것은 학습자들의 주의집중을 높이려는 의도와 그러는 가운데 스스로 그 文理를 터득케 하려는 의도를 지닌 학습방편이었을 것이다.

(나) 潛心自得

성리학의 교육내용인 유교경전은 天理와 人性을 연구과제로 삼아 형이상학적으로 구성되었다. 특히 한자를 사용하여 고도로 의미가 압축된 표현양식을 띠고 있으며, 경전들간의 서로 계열화된 관련 속에서 하나의 아이디어를 파악할 수 있도록 구성되어 있음은 이미 밝힌 바 있다. 그리고 그러므로 경전에 나와 있는 문장은 해석의 폭이 넓고 깊이가 깊기 때문에, 또한 전체적인 관련성 속에서만 제대로 파악될 수 있기 때문에 그것에 담긴 의미를 제대로 파악하기 위해서는 학습자 편에서의 오랜 反芻와 思索이 필요하다는 것도 언급하였다.

성리학의 학습은 학습자들의 자발적이고 적극적인 사고활동을 동반하는 이해의 과정이요, 의미의 주관화 과정인 것이다. 그리고 이에 가장 적합한 학습방법으로는 암송과 함께 잠심자득의 방식이었다고 할 수 있다. 潛心自得이란 마음을 고요하게 하여 스스로 깨닫는 방법이거니와, 이는 계속 자기 반성을 하면서 일상생활을 통해서 진리를 검증

---

121) 이 점에 관해서 이홍우도 밝힌바 있다(이홍우, 앞의 논문, 79~84쪽).

해 가는 방법이기도 하다.

학습의 양대 축인 學과 思 중 思는 고요히 배운 바를 생각하여 앎에 돈독해지는 이해학습을 의미하며, 이것이 潛心自得인 것이다. 학습자는 오랜 기간을 두고 경전의 저자가 그 경전을 쓸 때 틀림없이 거쳤을 사고와 추리의 과정을 그 자신의 지적 경험에 기반하여 반복하는 절차가 필요하며, 이것이 潛心自得의 과정이라 할 수 있겠다.

또한 그날그날 배운 것을 과거에 배운 것들과 관련시키며, 삶의 과정 속에서 그는 그 구절의 의미를 나타낸다고 생각되는 상황을 접하게 되고, 그 구절의 의미를 그 상황과 관련지어 파악하게 된다. 이러한 경험이 축적됨에 따라서 그 구절은 점점 뜻이 풍부해지고 구체화된다. 이리하여 그 구절은 학습자에게 주관적인 의미를 지니게 된다. 나아가 전체 경전의 구조와 의미 속에서 그 날 배운 문장들의 의미를 파악하려는 노력을 통해서 학습자의 이해의 지평이 넓어지고 깊이가 더해지는 것이다.

(다) 持敬의 학습방법

성리학의 수양에 있어서 敬의 중요성은 이미 언급한 바 있으나 절대적이다. 敬은 학습자의 흐트러진 마음, 방자한 마음, 잡념을 제거하고 한 곳으로 수렴, 주의 집중하게 하며 초롱초롱 정신을 맑게 하는 일종의 심리적 각성상태라 할 수 있다.

그리고 이러한 각성상태는 어떤 妄想이나 그 외의 불안유발적인 자극이 침투할 원천적인 소지를 없애는 認知的 心相(cognitive set)의 사전 조절과 같은 기능을 한다[122]고 볼 수 있다. 그러므로 성리학에서는 학습자의 자세로서 敬을 매우 강조하였고, 이는 난해하고 계열적이며 의미 암시적인 유교경전을 학습하는 데 있어서나 人欲과 氣質의 가리움

---

122) 任能彬, "性理學의 適應心理學的 接近-退溪와 栗谷을 中心으로-", 서울대 대학원 문학박사논문, 1983, 17쪽.

을 제거하는 윤리적 수양에 있어서도 필수적인 것으로 여겨졌다.

기실 潛心自解, 潛心自得이라는 것도 마음을 주의집중하고 수렴하는 敬의 공부가 되지 않고는 불가능하다고 해야 할 것이다. 한국 성리학자들은 학습자들이 항상 敬의 자세를 잃지 않도록 「學令」 등을 제정하여 일일행사를 규정하였다.

敬의 자세를 중시했던 학습풍토에 의거해 학습자들은 학문을 배울 때, 학문은 물론 인격 및 분위기까지 전체적으로 학습할 수 있었으니, 敬이야 말로 한국 성리학의 교수-학습의 요체라고 해야 할 것이다.

(4) 한국 성리학의 교수-학습과 인지-통찰 이론

이상과 같이 한국 성리학의 교육적 특성과 교수방법, 그리고 학습방법을 살펴보았다. 즉, 의미 암시적이고 함축적이며 한가지 아이디어를 파악함에 전체적인 경전의 의미 속에서 제대로 파악될 수 있는 교육내용으로서의 유교경전과 그것을 가르치고 배우는 교수-학습행위의 특성을 점검해 보았다.

그러는 과정에 한국 성리학의 교수-학습의 과정이 현대의 인지-통찰 학습이론의 그것과 많은 점에서 유사하다는 것, 즉 의미연관성을 지닌 것이 아닌가 하는 생각을 떨쳐버릴 수 없다. 사실 그러한 생각에 동조하는 사람도 있다. 임능빈은 한국 성리학은 그 사고과정에서 형태적이고 통찰적인 방법이 쓰여지고 있다고 밝힌 바 있다.[123] 성리학의 사고과정 속에는 사고의 신축성, 기능적 固着의 회피, 돌발적이고 <一時> 역동적이며<相發>, 완전한 이해<悟解>라는 통찰학습의 특성이 모두 지적되고 있다고 하였다.

물론 성리학의 학습은 점진적이고 누적적인 경험과 반복학습이 또한

---

123) 任能彬, 위의 논문, 77쪽.

중시된다는 특성이 강하다는 점을 고려해 볼 때, 이 주장에 온전히 공감할 수는 없을 것 같다.

그러나 성리학의 사고과정과 교수-학습과정속에 분명히 形態的이고 <부분적 요소를 전체 형태와의 관련 속에서 의미 지울 수 있다는 측면에서>, 洞察的인 <敬의 자세를 견지하면서 潛心自得하는 가운데, 즉 沈潛하여 사고하는 과정 속에서 부분과 전체를 꿰뚫는 확연한 앎에 이르게 된다는 측면에서> 측면이 강하게 자리잡고 있다는 사실은 유의해 볼 필요성이 있을 것 같다.

특히 성리학에서의 학습자의 내적인 변화과정은 학습의 개념을 인지구조의 재체계화로 설명하는 인지학습 이론의 설명으로 가장 잘 표현할 수 있을 것 같다.

이처럼 성리학의 학습자의 이해에 기초한 학습방법은 인지적 학습과 그 맥을 같이 한다고 생각한다. 인지학습의 과정은 간략히 다음의 <그림 V-1>과 같이 나타낼 수 있다.

<그림 Ⅴ-1>[124]인지학습의 과정

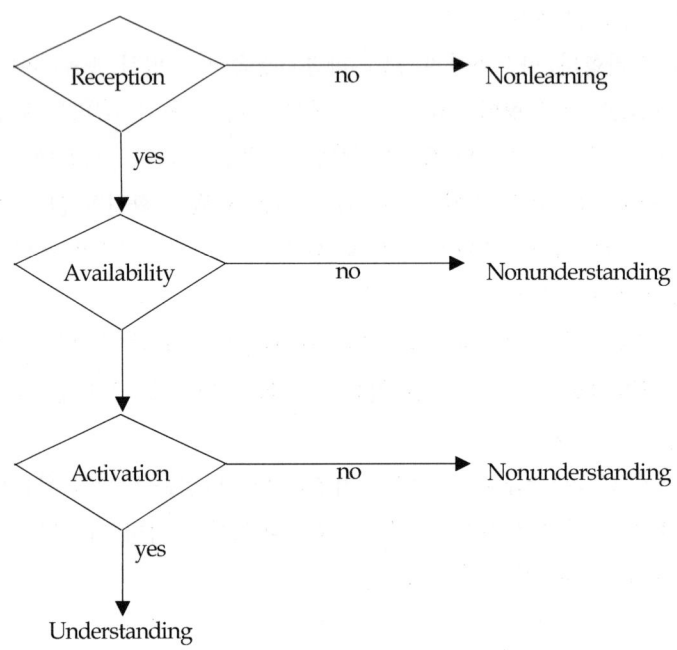

<그림 Ⅴ-1>과 같이 인지적 접근에서는 학습자가 일정한 정보를 접해서 그것에 관심을 기울이지 않거나, 관심을 기울이되 새로운 정보와 관련이 있는 기존의 지식이 결핍되어 있거나, 그리고 관심을 기울이고 기존지식을 구비하고 있다 할지라도 새로운 정보를 기존지식과 조직화시키려는 학습자의 능동적이고 자발적인 노력이 뒤따르지 않을 경우, 이해의 단계에 이르지 못하게 되며 결국 학습되었다고 말할 수 없다는 입장을 견지한다.

---

124) R. E. Mayer, *Educational Psychology-A Cognitive Approach-*, Boston: Littie, Brown Company, p.13.

우리가 책을 얼마나 많이 읽었느냐 보다는 한 번을 읽더라도 주의를 집중해 관심을 기울여 읽었느냐가 중요하며, 또한 책에 적힌 새로운 지식을 수용할 만한 기존의 지식을 지니고 있었느냐가 중요하고, 읽은 내용을 기존의 지식체계와 연관지으려는 내적인 활동이 있었는가가 더욱 중요하다는 관점이라 할 수 있다. 즉, 이해하고 있느냐가 학습성패의 관건이 된다는 것이다. 성리학의 교수-학습의 과정도 이해라는 측면에서 볼 때, 유교경전을 얼마나 잘 암송하고 있으며 얼마나 많이 읽었는가도 중요하겠으나, 그것보다는 敬의 자세를 가지고 얼마나 관심을 주의 집중하느냐에, 기존의 문장에 대한 이해의 깊이가 얼마나 뒷받침되느냐에, 그리고 학습자 편에서 潛心自得을 통해 얼마나 깊고 넓게 사고하느냐가 절대적으로 중요하다고 할 수 있겠다. 그리고 이럴 경우에만 새로운 아이디어를 전체의 내용과 관련하여 文理에 합당하게 파악할 수 있는 것이라 볼 수 있다. 성리학의 학습에 있어서 글을 읽을 때 눈과 입으로 읽지 말고 마음으로 읽어야 한다는 논리가 이해학습의 핵심이 되는 것이요, 이를 위해 敬의 학습과 潛心自得, 潛心自解의 학습이 또한 동반되어야 한다.

　그런데 여기서 한가지 지적해 줄 것이 있는데, 인지학습이론은 인간의 인지적 측면의 학습을 설명하는 이론체제로서는 매우 의미 있는 것이나, 인간의 도덕적이고 정서적인 측면의 학습과정에 관해서는 그다지 설명력을 지니지 못하고 있는데 반하여, 성리학의 교수-학습체제는 인지적 측면에서의 학습은 물론 윤리적 차원의 학습, 즉 실천궁행적 구도자세를 학문의 과정 속에서 함께 배운다는 측면의 가능성까지 지니고 있다. 학문은 물론 인격과 그 학습의 분위기까지 중시하는 성리학의 교수-학습행위는 현대 교수-학습이론의 발전을 위한 하나의 모델로 작용할 수 있으리라 여겨진다.

(5) 한국 성리학의 교육방법적 의의

과거의 교육사상과 교육실제를 파악할 때 선입견은 금물이라고 할 수 있다. 이 것은 과거를 비하하는 경우든 과장해서 의미를 부여하는 경우든 마찬가지다. 그런 점에서 성리학의 교수-학습행위에 대해 지나친 의미를 부여하는 것은 아닌지 하는 생각을 떨쳐버릴 수가 없다.

그럼에도 제대로 우리의 과거의 교육유산을 점검하지도 않고 구식이라 낙인 찍으려는 편협한 자세를 곰곰 반성해 볼 수 있어야 한다. 특히 교육철학적인 측면에서 오랜 과거의 교육유산이지만 플라톤과 아리스토텔레스 등의 사유방식과 교육주장들은 현대 교육에 맞게 조명할 수 있으며 그 시사점도 큰 것이라고 여기면서도, 정작 우리의 전통 속에 도도한 물결처럼 자리 잡았던 우리의 교육유산들에 대해서는 부정적이고 그 한계적인 점부터 밝히려고 드는 자세는 철저하게 시정되어야 할 선입견이 아닌지 깊이 성찰해 보아야 한다.

우리는 지금껏 한국 성리학의 교육적 특성과 교수-학습행위에 대해서 함께 점검해 보았다. 그 과정을 통해서 과거의 성리학적 교육이 서적중심의 틀에 박힌 맹목적적·기계적인 암기의 교육이 아니었으며, 그럴 수도 없었다는 점을 살필 수 있었다. 또한 비록 헤르바르트의 교수단계나 듀이의 사고의 단계와 같이 형식적인 교수방법과 같은 개념의 교수방법은 없었으며, 가네나 오스벨, 그리고 글레이져의 교수-학습모형이라고 이름 붙일 만한 교수-학습모형도 우리의 전통교육에서는 제시되지 못했으나, 그 나름대로 의미 있고 설득력 있는 교수-학습의 방법과 모형이 있었음을 확인할 수 있었다.

성리학의 교수-학습행위 속에는 기초를 튼튼히 다진 연후에 다음의 단계로 나아가는, 즉 실제 생활 속의 예의와 행위를 기반으로 하여 나중에 이론적으로 그 예의와 행위의 근거를 가르치는 교수-학습이 이루어 졌으며, 난이도와 계속성을 고려한 단계적이고 계열적인 교수-학습이 이루어 졌고, 주입식이 아닌 학습자의 이해에 기초한 교육이 이루어 졌음이 밝혀졌다. 또한 학습자의 능력 차에 즉응하는 개별학습이 이미 자리 잡고 있었으며, 학습자의 산만함과 이완된 심리를 제거하고 정신을 하나로 수렴하고 주의 집중하게 하는 내면적 기제인 경의 공부라는 교수-학습의 요체가 활용되고 있었음도 확인할 수 있었다. 즉, 교수-학습의 원리 면에서 개별화, 자발성, 반복, 기초중시, 계열화, 통합화의 원리 등이 적용되고 있었음을 알 수 있다.

아울러 한국 성리학의 교수-학습과정이 현대의 인지-통찰이론과 많은 점에서 그 맥락을 같이하고 있음도 언급하였다. 그리고 한국 성리학의 교수-학습과정은 인지-통찰 학습이 큰 관심을 기울이지 못하는 도덕적 측면과 정서적 측면, 즉 잠재적 교육과정의 측면까지도 포괄할 수 있는 가능성을 지니고 있다는 것도 언급하였다. 그렇다면, 한국 성리학의 교수-학습행위 속에는 현대의 교수-학습에서 중시되는 관점들을 포함하고 있을 뿐만 아니라, 현대의 교수-학습이론의 과제해결을 위한 시사점도 아울러 지니고 있다고도 할 수 있겠다.

물론 한국 성리학적 세계가 지니고 있는 근본적인 관점이 오늘날의 세계관 속에서도 의미를 부여받을 수 있는 지는 또 다른 차원의 접근이 요구되는 문제이다. 그리고 성리학의 교수-학습행위가 지니고 있는 교육대상자의 제한성, 신체와 기능적 측면의 소홀, 경험적이고 물질적이며 과학적인 학문의 무관심, 교육내용의 추상성과 난해성 등은 반드시 지적하고 넘어가야 할 한계점인 것이 분명하다.

그럼에도 불구하고 한국 성리학의 교수-학습행위는 좀더 연구될 가치가 있고 훌륭한 우리의 교육적 자산으로서 되살릴 만한 가능성도 있다는 결론에 도달하는 것은 그다지 과장된 주장은 아닐 것 같다. 이미 심리학을 위시한 타학문 분야에서 한국 성리학의 실제를 연구하고 그것의 의미를 현대적으로 재구성하고자 하는 실정이고 보면, 수양과 교육을 무엇보다도 중시했던 한국의 성리학에 대해 교육학 분야에 있어서도 그 연구와 관심의 필요성은 더할 나위 없을 것 같다.

이상과 같은 결론과 함께 한국 성리학의 교수-학습행위에 관한 심화된 연구의 발전을 위해 다음 몇 가지를 지적해 주고자 한다.

첫째, 敬의 현대적 의미의 교육실제적 연구가 필요하다는 점이다.

둘째, 마찬가지로 潛心自得의 의미가 현대 교육학적 관점에서 좀더 구체적으로 밝혀질 필요가 있다는 점이다.

셋째, 學行의 일치 면에서의 관심제고의 필요성이다. 성리학은 학문 자체를 지식의 성장과 함께 인격적 성장의 과정으로 보고 있는데, 이는 오늘날의 지식과 윤리가 분리된 교육현실을 개선할 수 있는 방법적 해결책을 제시해 줄 수 있을지도 모르기 때문이다.

넷째, 바람직한 태도 면에서의 습관화, 습성화의 가치제고이다. 성리학의 도덕교육이 덕목위주의 것으로 낙인찍히고 있으나, 지와 행의 일치확보는 행의 습관화가 어릴 때부터 일어지는 것이 바람직하다고 여겨진다.

다섯째, 성리학의 훈도는 바람직한 교사상의 확립을 위한 하나의 모델이 될 수 있을 것 같다. 선별적, 취사적인 계승방안이 필요하다.

6. 유학사상의 교육적 계승

유학은 자연과 우주와의 합리적이고 조화로운 관계 속에서 인간을 관계지우며, 현실을 중시하고 개개인의 자기수양을 통해 인간의 무한한 가능성을 확대시키려는 인간중심의 합리적인 사유체계이다. 그런 점에서 유학은 여전히 현실적인 인간 삶의 문제에 깊은 지혜를 제시해 줄 수 있는 의미 있는 전통이다. 특히 현실 속에서의 지속적인 자기수양을 중시하는 유학의 교육원리는 새롭게 계승하고 발전시킬 만한 가치를 지녔다고 할 수 있다.

김정환은 우리 교육을 위한 유교의 계승 방안을 다음과 같이 지적하고 있다. 첫째, 農耕文化의 특성·장점을 계승하는 일이며, 둘째, 政敎一致의 사상의 발전적 계승이고, 셋째, "선비"상의 재생이다. 그리고 넷째, 東洋의 叡智의 학문적 탐구·체계화라고 보았다. 그는 교육학적 측면에서도 유교의 敎說에 나타나 있는 直觀的 東洋의 예지(叡智)를 좀더 아끼고 갈고 닦아 학문적으로 다듬어, 서양의 교육학설만이 발호 하는 우리 현실을 實事求是하는 이론적 근거를 굳혀야 할 것이라고[125] 중시하고 있다. 참으로 귀한 지적이라 할 것이다.

여기에 몇 가지만 추가해 보고자 한다.

첫째, 관례(冠禮)와 계례(笄禮)의 정신을 회복하여 성인식을 의미 있게 계승하는 일이다. 우리는 사대부 양반을 중심으로 「주자가례」에 의거, 미혼의 자제들을 성인으로 인정해 주는 관례와 계례를 실시했다. 남자는 15세부터 20세 사이에 길일을 택하여 어른의 복식을 입히고 머리를 올려 상투를 틀고 갓을 씌워주고 자(字)를 지어 주는 관례를, 그리고 여자는 15세가 되면 머리에 비녀를 꽂아주는 계례를 치러주었던 것이다. 이것은 일상생활에 있어 이제부터는 철이 없는 어린아이가 아니라 예의를 지켜야 하고 사회 구성원으로서 책임과 의무가 주어졌음을 알리는 소중한 의식이었다. 그런데 현재는 관·혼·상·제의 의례 중 교육적인 가치가 가장 높았던 관례의 전통은 사라져 버렸으니 안타까운 일이다. 형식은 간소하게 그리고 현재에 맞도록 하면서도 원시시대의 성년식, 그리고 유교사회에서의 관례의 소중한 전통을 회복해야

---

125) 김정환, 앞의 책, 305~306쪽.

하겠다.

둘째, '엄부자모(嚴父慈母)'의 부모상을 찾고 가정의 교육기능을 회복하는 일이다. 우리는 유교적 가정교육 풍토 속에서 '엄함'과 '자애로움'이 적절하게 조화를 이루어 자녀를 올바른 인간으로 키우는 소중한 전통을 생활화했다. 유교는 근본적으로 강직함과 온유함이 평형추처럼 균형을 이루고 있는 사유체제이다. 인(仁)이 사랑의 포용적 성격이라면, 의(義)는 그릇됨에 대한 배척의 분별성을 띄고 있는 것이다. 엄한 채찍과 감싸주는 자애로움 중 어느 하나가 상실될 때, 우리의 자녀들이 어떻게 따뜻하면서도 올곧은 인격을 형성할 수 있겠는가.

셋째, 실천궁행하는 교사상의 회복이 필요하다고 생각한다. 유학에서 스승이란 단순히 지식의 전달자가 아니라 고매한 인격으로 본을 보이는 사람이었음은 주지의 사실이다. 과거나 현재나 교사들의 사회·경제적 지위가 그다지 높지 못했음은 안타깝기는 하나 사실이다. 그럼에도 자부와 긍지를 가지고 존경을 받았다는 점은 구별될 수 있을 것이다. 물론 '군사부일체'의 풍토와 비교하여 제 자식만 아낄 뿐 선생을 존경하지 않는 속물적인 학부모들과 사회가 문제이긴 하다. 그러나 교사의 권위는 교사들이 만들어 가는 것이다. 삶의 모범을 통해 지식뿐이 아니고 사람됨을 가르치는 선생들이 늘어갈 때, 진정한 교사의 권위를 찾을 수 있을 것이다.

넷째, 어릴 때부터 효제(孝悌)를 중심으로 한 미풍양식을 체험하고 생활화할 필요가 있을 것이다. 좋은 습관 아름다운 도덕적 성향은 말과 글로서 깨우쳐 진다기보다는 자라나면서부터 반복된 체험을 통해 형성될 수 있다고 생각한다. 유교는 「소학」을 통해 먼저 쇄소응대(灑掃應待)를 행하게 한 후, 「대학」을 통해 그 이유를 이론적으로 가르쳐 주었음을 밝힌 바 있다. 물론 부모가 본을 보여주어야 한다. 올바른 품성도야는 아이들 편에서는 귀찮고 힘드는 과정이기도 할 것이다. 그러나 싫고 귀찮아도 해야 할 것은 해야 한다. 부모를 공경하고 형제간에 우애하며, 어른들께 공손하고 함부로 소리지르거나 거친 말을 사용하지 않고… 바른 태도와 예절이 몸에 배고 습관화되며 나아가 인격화되는 생활 속에서의 가르침, 얼마나 소중한가.

연구·토의 과제 ...

1. 한국 유학의 발전과정을 정리해 보자.

2. 공자와 맹자의 사상을 중심으로 유학의 기본 성격을 논의해 보자.

3. 한국 성리학의 특징과 교수·학습 방법을 정리해 보자.

4. 교육적 이상형으로서 '선비'의 계승방안에 대하여 토의해 보자.

5. 우리 교육을 위한 유교의 계승방안에 대해 논의해 보자.

6. 다음의 용어들을 설명해 보자.
   ① 수기치인(修己治人)
   ② 극기복례(克己復禮)
   ③ 인(仁)과 의(義)
   ④ 본연지성(本然之性)과 기질지성(氣質之性)
   ⑤ 하학이상달(下學而上達)
   ⑥ 지경(持敬)
   ⑦ 잠심자득(潛心自得)

애국계몽사상과 교육

VI. 愛國啓蒙思想과 教育

I. 애국계몽사상과 교육

1. 애국계몽사상의 형성배경

애국계몽운동은 내정개혁과 자유민권을 주장했던 독립협회운동을 계승하여 그것을 일층 발전시켰던 일대구국운동이었다. 특히 1905년의 '보호조약'을 기화로 개화지식인이 주도하는 언론, 교육활동 중심의 계몽과 각성의 흐름이었다.

1905년을 계기로 하여 일어난 애국계몽운동은 독립협회 및 만민공동회의 활동에 의하여 계발된 대중적 에너지를 흡수하고 발전시킨 국권회복을 위한 구국운동으로, 반일의병투쟁과 다른 노선을 걷게 된다. 1905년의 '보호조약' 이래 국권회복운동의 2대 조류 가운데서 반일의병운동은 국권회복을 제1차적 과제로 내걸고 정면으로 일본군국주의 및 그 괴뢰세력과 무력적으로 대결한 운동이었다. 이에 비하여 애국계몽운동은 일본통감에 의한 압도적인 정치적 군사적 통제 아래 후일의 완전독립을 기하기 위한 당면의 목표로서 '문화계몽'에 의한 민족적 자주의식의 계발과, '내수외학'(內修外學)에 의한 민족의 실력양성을 제 1 차적 과제로 삼고 있었다.[126]

즉, 종묘(宗廟)와 사직(社稷)의 재건을 지상과제로 하는 위정척사(衛正斥邪)사상은 전투적 봉건지식인을 지도자로 하는 의병투쟁으로 나타났다면, 독립협회운동의 흐름을 이끌어온 개화사상은 근대지식인을 주체로 하는 애국계몽운동으로 그 결실을 맺게된다.[127]

---

126) 姜在彦, 「韓國의 近代思想」(서울 : 한길사, 1985), 230~231쪽.
127) 尹健次(심성보 역), 「한국근대교육의 사상과 운동」(서울 : 도서출판 靑史, 1987), 263쪽.

애국계몽운동은 독립협회운동의 흐름을 계승했을 뿐만 아니라, 멀리는 실학사상과 사상적 연계를 지니고 있었다. 애국계몽운동의 지도자상을 대변한 애국계몽사상가들은 모두가 한학자이면서, 18세기 후반기의 조선 실학 북학파(北學派)의 거장 박지원의 「열하일기」, 19세기 후반기 개화파의 준재(俊才) 유길준의 「서유견문」, 1890년대 청국 변법(變法)운동의 이론가 양계초의 「음빙실문집」 등에서 사상적 영향을 받았던 것이다.

다시 말하면 조선실학의 북학사상에 그 연원(淵源)을 두고 있는 근대 개화사상은 갑신정변 ─ 갑오개혁 ─ 독립협회 ─ 애국계몽운동 등의 활동 속에 일관되게 그 저류를 이루어 흐르고 있는 것이다.[128] 그리고 애국계몽운동은 특히 양계초(梁啓超)의 주장에 크게 공명하면서,[129] 근대지향적인 교육개혁, 정치개혁, 사회개혁운동으로 발전하게 된다.

2. 애국계몽사상과 교육

따라서 애국계몽운동의 당면의 중심과제는 장래의 자주독립의 시기에 대비하여 당장은 실력을 양성하자는 것이었다. 그것은 구체적으로는 대중의 애국정신을 계발하고, 근대적 교육과 산업을 진흥시키는 일을 대중운동으로 전개하는 일이었다.

그리하여 민간의 계몽단체 및 학회가 각지에 속출하였고, 대중강연, 출판활동, 학교설립 등이 활발해졌다. 애국계몽단체 가운데 대표적인 것은 1906년 4월에 창립된 대한자강회(大韓自強會)이다. 전국적 규모의 애국계몽단체로서는 대한자강회, 대한협회가 가장 유력한 단체였으며,

---

128) 강재언, 앞의 책, 236쪽.
129) 한말지식인들에게 미친 양계초의 영향은 교육, 정치, 언론, 역사, 문학 등에 걸쳐 포괄적이고 심대한 것이었다. 자세한 것은 拙稿(梁啓超의 新民敎育思想 硏究, 고려대학교 박사학위 논문, 1995)를 참고할 수 있다.

그밖에도 각종의 군소 단체가 속출했다. 또 각 지방에서는 각기 그 지역 출신자들을 중심으로 한 '학회'가 나타나서 대중계몽과 교육진흥을 위한 활동을 전개하였다. 예를 들면 1906년 10월에 창립된 함경도 출신들에 의한 한북학회(漢北學會), 평안도 출신에 의한 서우학회(西友學會)(양자는 1908년 1월에 통합하여 西北學會가 됨)를 효시로 하여 기호흥학회(畿湖興學會), 관동학회(關東學會), 교남학회(嶠南學會), 호남학회(湖南學會) 등이 그것이다.130)

애국계몽운동은 조선 인민의 사회생활 및 문화생활 전반에 걸쳐서 종래의 봉건적 구습을 타파하고 혁신의 기풍을 불러일으켰으며 애국적 개화·민권사상이 광범한 대중을 사로잡아 시대정신으로 되었다. 따라서 각종의 애국계몽단체는 거의 공통적으로 교육과 산업의 진흥을 구호로 내걸었는데, 운동의 내용은 보다 광범한 분야에 미쳤다. 즉 각종의 언론 및 출판활동, 한글의 연구 및 보급활동, 여성을 각성시키기 위한 여권운동, 일본으로부터의 차관을 대중적인 절약과 모금으로 상환하기 위한 국채보상운동 등이 그것이다. 확실한 애국계몽운동의 당면 활동목표는 대중계몽과 학교교육을 통하여 민지(民智)를 열고 민족산업의 육성을 통하여 민력을 배양하여 그것을 통하여 민족의 실력을 양성하는 일에 두어졌다. 그러나 그것은 단순한 교육 및 문화운동, 또는 민족자본육성운동에 그치는 것이 아니라, 궁극적으로는 시기를 포착하여 국권을 회복한다고 하는 정치적 목적이 있었다. 국권회복이라 해도 위정척사사상에서 볼 수 있었던 500년 이씨조선의 왕조를 회복하기 위한 복벽(復辟)운동이 아니라 근대적 국민국가를 형성하려는 것이었으며, 그것을 위한 기초를 확립하겠다는 것이었다.131)

애국계몽운동이 남긴 업적 가운데서 가장 현저한 것은 신교육운동이

---

130) 강재언, 앞의 책, 234쪽.
131) 위의 책, 235쪽.

다. 조선의 자주적 개화를 실현하기 위해 내일을 짊어질 청소년들에게 봉건적인 유교교육이 아닌 신교육을 베풀어야 한다고 하는 교육사상이 개화운동 가운데서 일찍부터 제기되었음은 앞에서도 말한 바와 같다. 그러나 갑오개혁 당시에는 '실학' '이용후생'의 교육정신을 내세웠지만, 국권 그 자체의 위기를 목전에 둔 이 시기에 이르러서는 국권회복을 위한 애국교육을 최우선시키지 않으면 안되었다. 또 종래의 신교육은 정부주도의 공교육(公敎育)이거나 아니면 일부 선각자 및 기독교 단체에 의해 전개된 데 비하여, 애국계몽운동 속에서의 신교육운동은 밑으로부터의 대중운동으로서 전개되었고, 도시에서부터 농촌벽지에 이르기까지 학교 망이 확대되면서 애국정신과 개화풍조를 불러일으키는 사상변혁의 거점적 역할을 다했던 것이다.[132]

그리고 애국계몽운동의 중요한 하나는 국문사용을 강조한 것이었다. 국문운동은 일본어 필수의 강요와 민족말살 동화정책에 반대하는 운동임에 그치지 않았다. 양반계급이 국문을 언문(諺文)이라 하여 천하게 보고 한문을 진서(眞書)라 하여 존중했던 봉건적 사대주의에 반대하는 운동이기도 했다.[133] 그런가 하면 애국계몽사상은 주체적인 국사연구 풍조와 민족사학의 확립에도 크게 기여하게 된다. 애국사상이 대중적으로 확산되는 가운데 조국의 역사 및 애국적 명장(名將)들의 전기, 외국의 혁명운동 및 흥망성쇠의 역사에 관한 독서열이 높아져 이들 서적의 출판이 활발해졌다.

이와 같은 시대적 요구는 봉건사학(封建史學)에 반대하는 민족사학(民族史學)의 확립을 촉진하여 신채호, 장지연, 박은식, 현채(玄采) 등의 뛰어난 사학자가 배출되었다.[134]

---

132) 위의 책, 240쪽.
133) 위의 책, 232쪽.
134) 위의 책, 243~244쪽.

애국계몽사상은 의병투쟁운동을 도외시함으로써 국권회복운동의 조류를 하나로 합류시키지 못했고, 사회진화론의 입장에 서서 일제의 침탈을 어쩔 수 없는 현실로 용인하였으며, 선실력양성론을 내세움으로써 교육지상, 교육만능주의로 흐를 수밖에 없었다는 한계를 지니고 있다. 그러나 광범한 대중 속에 반(反)침략적 애국정신과 반(反)봉건적 개화풍조를 침투시켜, 많은 제약성을 가졌으면서도 민족운동을 한층 더 높은 차원으로 발전시키기 위한 실력양성이라는 역사적 사명을 다하여 1919년 3·1운동의 복선(伏線)이 되었다.[135] 무엇보다도 애국과 애족, 자율과 자치, 자립 등의 가치를 내세운 근대성확립의 운동이기도 했다.

애국계몽운동은 논리적이고 일관된 사상체계로 심도 있게 발전되었다기보다는 암울한 시대상황을 극복하기 위해 우후죽순 일어난 운동이요 경향이었다. 그러나 애국계몽운동은 한국적 근대 민족주의를 형성하고 근대적 국민국가를 형성시키려 했던 민족 각성의 근대지향운동이었다. 특히 전통적인 봉건교육의 잔재를 일소하고 신교육을 통해 새시대의 국민을 양성하려는 운동으로, 한국 근대교육의 기초를 닦고 해방후 민주·민족교육의 방향을 제시했다는 점에서 높게 평가되어야 할것이다. 이 장에서는 근대교육중시의 애국계몽운동의 성격을 명확히 살피기 위해서 대표적 애국계몽사상가인 신채호의 애국심 배양의 교육사상을 검토하고자 한다.

3. 申采浩의 愛國心 培養의 敎育思想

(1) 서 론

丹齋 申采浩(1880~1936)는 일제의 왜곡된 植民史觀에 맞서서 우리의 역사를 새롭게 개척함으로써 民族史觀의 정초를 닦았던 韓末의 천재적

---

135) 위의 책, 239쪽.

인 역사학자였다. 그러나 주지하듯이 그는 단지 역사가에 그치지 않는 근대 애국계몽적 민족사상가이며 실천적인 항일민족운동가였다. 그는 개항이후 근대화의 기운이 높았던 시기에 충북 청주에서 태어나 여순 감옥에서 57세로 獄死할 때까지 조국의 근대화와 國權恢復을 위해 투쟁의 삶을 영위했다.

丹齋는 황성신문과 대한매일신보 등에서 언론활동에 종사하던 시기에 애국계몽사상가로서 국민들에게 서구의 계몽사상을 소개하고 新敎育과 植産의 필요성을 역설하는 등 국민계도에 앞장섰다. 그는 특히 교육에 관한 논설을 집중적으로 발표함으로써 신교육의 발흥을 통한 富國强兵을 주장하였다.

丹齋는 일제의 무력강점에 의해 國權이 상실된 후 해외망명과 무장독립투쟁, 그리고 무엇보다도 한국 古代史분야의 연구에 힘씀으로써 역사가로서 民族史學의 토대를 닦는 탁월한 업적을 남겼다. 民族主義的 英雄史觀으로 특징지울 수 있는 丹齋의 民族史觀은 우리역사의 事大主義的 요소를 강하게 비판하면서 內的으로는 反事大主義·主體主義的 歷史를 되찾으려 하였고, 外的으로는 우승열패(優勝劣敗)의 경쟁적 세계질서 속에서 "歷史는 我와 非我의 鬪爭"이라는 민족-국가단위의 투쟁적 역사의식을 제시해주었다.

丹齋의 歷史思想속에는 進步와 發展의 관념이 결여되어 있어서 자칫 역사 니힐리즘에 빠질 우려가 있고, 지나친 가치개입적(價値介入的)인 성격이 강해서 社會經濟史學이나 實證史學의 方法的 보충이 요구되고 있다는 한계점을 지적 받고 있지만,[136] 丹齋가 우리의 근대사학의 발전에 끼친 업적은 매우 높게 평가받고 있다. 그런데 이러한 업적에 가리워 그가 애국계몽사상가로서 한국 근대교육의 발전에 쏟은 노력은

---

136) 申一澈, 申采浩의 歷史思想硏究-梁啓超를 통한 西歐思想受容을 中心으로-, 高麗大 大學院 博士學位論文, 1975.

상대적으로 소홀히 여겨지는 것 같다. 그러나 丹齋는 조속한 新敎育의 發興을 통해서 國權恢復을 부르짖었던 애국적 교육사상가였으며 그 영향도 컸다. 그러므로 그의 교육사상을 규명하는 것은 丹齋의 생애와 업적을 넓게 살피는 일이자 한국 근대교육의 구조적 이해를 위해서도 필요한 작업이라 할 수 있다.

애국계몽사상기(1905~1910)에 집중적으로 발표된 丹齋의 교육주장들을 점검하는 작업은 그의 교육사상의 核心을 이해하는 일이자 애국계몽사상의 교육논리를 살피는 일이 될 수 있다. 이를 위해 시대상황의 흐름과 淸의 梁啓超를 통한 西歐啓蒙思想의 受容 등 교육사상의 형성배경을 먼저 살펴보고, 그 다음 그의 교육주장의 구체적인 내용을 점검하여 그 의의 및 한계점을 정리하고자 한다.

(2) 丹齋 敎育思想의 形成背景

丹齋 申采浩는 西勢東漸의 물결이 높았던 1880년 忠淸道 大德郡 山內에서 가난한 선비 申光植의 둘째아들로 태어났다. 그는 소년시절에 淸原郡 琅城으로 옮겨가 전통적인 朱子學적 소양을 쌓았다. 그런 가운데서도 그는 天原郡 木川에 있던 開化派 宰相 申箕善의 집에 드나들면서 新學問에도 접할 수 있었다.

新學問에의 접촉은 그가 나중에 애국계몽사상가로써 변신해 활동할 수 있는 內的 動因이 되었다고 할 수 있다. 그러나 그는 당시의 재능 있는 청년들이 그랬던 것처럼 19세가되는 해에 成均館에 들어갔으며, 1905년 成均館 博士가 되었다.

1905년 그의 나이 26세가 되는 해는 그의 생애의 일대 전환기가 되는 시기요, 일제에 의해 강제적으로 乙巳條約이 체결되어 민족의 수난이 본격화되는 시기였다. 그는 이 해에 장지연의 초빙으로 「황성신문」의 주필이 되어 언론활동에 참여하고 본격적으로 애국계몽활동에 종사하게 된다. 그의 생애는 크게 보아 1910년 일제에 의한 한국강점을 구분 점으로 하여 近代化와 富國을 위한 애국계몽의 언론활동기와 그 이후의 무장투쟁 및 韓國古代史의 硏究期로 나누어 볼 수 있다. 좀더 자세히 구분해 보자면 크게 ① 학문수학기(1880~1905), ② 언론활동기(1905~1910), ③ 해외망명 민족운동 및 韓國古代史 硏究期(1910~1925), ④ 無政府主義 思想期(1925~1936)로 나누어 볼 수 있다. 그리고 그의 新敎育에 대한 교육적 주장들이 본격적으로 발표되는 시기가 바로 언론활동 기요 애국계몽활동 기(1905~1910)이다.

그런데 이 기간동안의 丹齋의 교육주장들을 제대로 이해하기 위해서는 淸의 근대 계몽사상가인 梁啓超(1873~1929)의 영향을 살펴보아야 한다. 열강들의 침탈에 대항해 중국의 근대화를 추진하던 梁啓超의 變法自强論적인 글들은 張志淵을 위시한 申采浩, 朴殷植, 安昌浩, 韓龍雲 등 우리의 지식인들에게 서구의 각종 사상을 소개해주고, 당시 정세를 파악하는 안목과 新敎育의 필요성을 각성시켜 주는 심대한 역할을 하였다.[137]

康有爲와 함께 變法自强運動을 전개했던 梁啓超는 弱肉强食의 국제 사회 속에서 오로지 살길은 生存競爭의 승리요, 승리를 위해서는 優者, 즉 最適者가 되어야 하므로, 스스로 힘을 길러야 한다는 社會進化論的 自强論을 전개했다. 그리고 自强을 위해서는 교육, 정치, 도덕, 군사 등 모든 분야에 걸쳐 잘못된 구식의 제도와 사상을 뜯어고쳐 새롭게 해야한다는 變法論을 주장했다. 이러한 梁의 주장들은 그의 저서 「飮氷

---

[137] 梁啓超가 한말지식인들에게 끼쳤던 교육사상적인 영향으로서는 크게 社會進化論과 競爭의 勝因으로서 敎育을 중시하도록 한 점, 서양 각국의 교육제도와 그 現況을 소개해 준 점, 그 자신의 교육주장인 新民養成의 필요성, 敎育宗旨論의 중요성, 여자교육과 學會설립의 필요성, 小說의 교육적 기능 등을 통해 영향을 끼쳤던 점의 세 가지 측면으로 나누어 볼 수 있다(李昇遠, 梁啓超의 新民敎育思想 硏究, 고려대 대학원 박사학위논문, 1995, 96~106쪽).

室文集」이 漢城 및 仁川을 통해 국내에 소개되었고 한말 애국계몽사상가들에게 바이블처럼 읽혀지면서 큰 영향을 미치게 된다.[138]

丹齋는 自强主義者인 선배 張志淵의 영향으로 梁啓超의 自强과 變法에 관한 논리를 그대로 수용하게 되고, 그의 교육사상과 역사사상의 사상적 토대를 구축하게 된다. 교육사상은 물론이고 역사사상의 형성에도 梁啓超의 영향은 절대적이었는데 언론활동기의 民族主義的 英雄史觀 형성기에는 梁의 「伊太利建國三傑伝」의 발상에, 그리고 해외망명민족운동 및 韓國古代史 硏究期의 근대사학 형성에는 梁의 「中國歷史硏究法」의 발상에 크게 의존하였다.[139]

丹齋는 1905-1910년간 황성신문과 대한매일신보 등의 신문논설을 통해 그의 애국계몽적인 글들을 발표하면서 교육에 관한 주장들을 집중적으로 발표하였다. 丹齋의 대표적인 교육논설로는 '愛國二字를 仇視하는 敎育家여', '德·智·體 三育에 體育이 最急', '西湖問答', '家族敎育의 前途', '二十世紀 新國民', '國家를 滅亡케 하는 學部', '國漢文의 輕重', '大韓新民會 趣旨書' 등이 있다. 단재는 이러한 교육논설을 통해 조속한 교육의 개혁과 발흥을 강조하였으며, 교육을 통해 애국심을 기르고 힘을 길러 生存競爭의 제국주의 시대 속에서 民族의 自尊과 富國을 달성하고자 하였다.

그러나 그는 1910년 일제에 의한 한국강점에 의해 국내에서의 애국

---

138) 梁啓超의 주장을 쉽게 받아들일 수 있게 한 수용배경으로는 당시 韓末의 지식인들 대다수가 梁처럼 전통유학적 학문배경을 가지고 있었고 열강의 침탈 속에 있었던 淸과 우리의 현실이 유사했으며, 梁의 文體가 쉬우면서도 남을 감동시키는 힘이 있었다는 점, 그리고 梁이 개혁의 정당성을 논함에 三代와 孔·孟을 들어 설명하는 '託古改制'의 형식을 취했던 점, 서양의 각종 학설을 소개함에 요점만을 간추려 쉽게 설명해주는 능력이 있었다는 점 등을 들 수 있다(李昇遠, 위의 논문, 99쪽).

139) 申一澈, 앞의 논문, 28~79쪽 참조.

계몽운동이 어렵게 되자, 합방 몇 달 전에 중국 靑島로 망명길에 올라 그 이후 불라디보스톡, 상해 등을 유랑하면서 독립운동을 돕고 韓國古代史 硏究에 몰두하게 된다. 그는 불라디보스톡에서 「海潮新聞」, 「靑丘新聞」 등에 관여하기도 하고, 1915년 북경에서 申圭植과 新韓靑年會를 조직하기도 했다. 그는 朴殷植, 文一平과 博達學院을 세워 민족교육에 힘썼으며, 1919년 상해에 임시정부가 서자 여기에 가담하게 된다. 그러나 상해 임시정부내의 온건적·교화주의적 준비론에 반대하여 임시정부를 적극적 독립투쟁의 기구로 만들어야 한다는 創造派에 가담한다. 이는 타협적이고 우회적인 독립방안을 거부하고 직접적인 무장투쟁을 우선시하는 丹齋의 의기의 발현이었다고 할 것이며 그의 독립운동에 임하는 일관된 저항적 민족주의의 발로였다.

그는 이시기에 무엇보다도 韓國古代史부문의 연구를 통해 주체적이고 민족지향적인 근대적 民族史學의 정초를 닦았으니, 「朝鮮上古史」의 저술이 바로 그것이다. 그러다가 丹齋는 1925년 전후부터 無政府主義運動에 관심을 갖기 시작하여 결국 그 운동과의 관련으로 일본 경찰에게 잡혀 투옥되었고, 1936년 2월 그의 나이 56세 되던 해 마침내 獄死하게 된다.

이와 같은 丹齋의 생애를 통해 보았을 때, 그의 교육사상은 언론활동에 뛰어들면서 그가 접했던 세계정세의 흐름과 民族存亡의 위기의식, 그리고 淸의 梁啓超의 變法自强的인 시대인식과 처방에 영향을 받으면서 구체화되었다고 할 수 있다.

(3) 敎育思想

① 교육목적으로의 애국심 배양

丹齋는 자신이 살고있는 시대를 弱肉强食, 適者生存의 제국주의와 민족주의 경쟁시대로 파악하면서 경쟁에서 승리하기 위해서는 국가의 힘을 길러야 한다고 보았다. 그리고, "今日 韓國의 自由를 復하며 文明을 開할 法門은 卽 敎育이라"[140) 고 하여, 국가의 힘을 기르고 문명을 여는 근본으로서 교육을 중시하였다.

그러나 그는 교육이라고 하여 국가에 이익이 없거나 해가 되는 '無精神敎育', '舊式敎育', '마(魔)敎育' 같은 교육은 결코 20세기 新國民을 위한 교육이 아니므로[141) 청산해야 하며, 무엇보다도 애국심을 배양하는 교육을 실시해야 한다고 애국심 배양의 교육을 중시하였다. 그는 국민모두가 애국심으로 무장한 애국자가 되어야만 富國과 自强을 이룰 수 있다고 보았다. 愛國者가 無한 國은 비록 强하고 盛한 것 같으나 반드시 弱하고 衰하게 되며, 비록 興하고 生한 것 같으나 반드시 亡하고 死하게 되는 반면에, 愛國者가 有한 國은 비록 弱하나 强하며 비록 衰하나 반드시 盛하게 되므로 애국심의 배양을 통한 애국국민의 양성이야말로 그의 교육목적이었던 것이다.

그런데 그는 참된 교육을 받는 것과 애국심과는 뗄래야 뗄 수 없는 관계에 있다고 보았다. 丹齋에 따르면 애국심은 인간이 마땅히 행해야 할 의무이며 이세상의 그 어떤 것보다 가치 있는 貴重品으로서, "敎育이 無하면 愛國心이 無하고 愛國心이 無하면 其國이 無함이니"[142) 라고 하여 오직 교육을 통해서만 애국심을 얻을 수 있다고 하였다. 그는

> 愛國心이 充滿하려면 不可不 敎育을 善히 하여야 할지며 敎育을 善
> 히 하여야 愛國心이 自生할지나[143)

라고 하여 애국심의 충만은 선한 교육, 즉 참된 교육을 통해서 이루어질 수 있다고 하였다. 그리고,

---

140) 二十世紀 新國民, 「全集」, 別, 226쪽.
141) 위의 책, 같은 쪽.
142) 西湖問答, 「全集」, 別, 132쪽.
143) 위의 책, 133쪽.

今日에 急先務는 全國同胞가 皆 敎育을 受하여 擧皆 愛國心을 抱케
할 完全한 敎育이 有한 後에야 精密한 愛國心이 生하고 精密한 愛
國心이 有한 後에야 其志가 不媒而同하고 其 機가 不期而會하여 堅
確한 團體力이 生하나니 其 團體力이 於是에 强硬한 國力을 成할지
라144)

라고 하여 완전한 교육, 즉 선한 교육이 정밀한 애국심을 낳고 정밀
한 애국심은 단체력을 낳으며, 단체력은 결국 강력한 국력을 이루게
된다는 논리를 전개했다. 결국 애국심을 배양하는 올바른 교육의 실시
야말로 국가의 부강을 이룰 수 있는 토대로 본 것이다.

이처럼 丹齋에게 있어서 교육의 근본적이고 일차적인 목적은 애국심
을 기르는데 있다고 할 것이다.

② **교육적 이상형으로서 '新國民' 養成**

丹齋에게 있어서 교육의 일차적인 목표가 국민 개개인에게 애국심을
배양하는 것이었으며, 이는 선한 교육, 즉 참된 교육을 통해서만 가능
한 것이었음을 살펴보았는데, 이렇게 선한 교육을 통해 애국심을 배양
한 국민이란 다름 아닌 그의 교육적 이상형인 新國民이라 할 것이다.
그는 제국주의와 민족주의가 발흥하는 生存競爭의 시대 속에서 國權을
恢復하고 富國을 이룩하기 위해서는 국민 개개인이 봉건시대의 피지배
자계층으로서의 無知와 폐습(弊習)에서 탈피하여 계몽된 근대시민으로
변화되어야 한다고 보았다.

그는 당시를 수 백년이래 인류세계가 새롭게 열리고 人智 또한 새로
와 정치·법률·교육·공예·電車輪艦·電砲兩丸의 전술 모두가 새롭
고, 新技術과 新法이 나날이 도래하는 시기라고 파악하면서,145) 이 때
를 당해서도 새롭게 변화될 줄 모르는 우리 국민성을 통탄하였다. 그

---

144) 위의 책, 같은 쪽.
145) 大韓新民會 趣旨書, 「全集」, 別, 82쪽.

에 따르면 우리국민은 아직도 夢에 **빠져** 관신(官紳)은 권세를 다투어 뇌물을 탐하고, 백성은 부패하여 名利만 쟁추(爭趨)하고, 士子는 空文만 숭상하며, 工商諸家는 허희(許餙)에 힘써 정치·문화와 모든 諸藝가 퇴보하고 있다는 것이다. 또한 허위부허(虛僞浮許)의 四字가 조선에 통하는 律令이요, 백성들의 성질이 윗사람한테는 아부하고 아랫사람은 압제하는 압제(壓制)와 의뢰(依賴)의 노예의 성질이 습관화되었으며, 一身의 안일만 힘쓰지 동포와 국가의 존재는 모르는 체, 의식만 해결된다면 삼천리 강토를 외적에게 빼앗기는 것도 신경 쓰지 않는 지경에 이르게 되었다고 진단하였다.[146)]

그리고 당시를 弱肉强食과 適者生存의 치열한 경쟁사회요 국민들의 智力여하가 경쟁의 승패를 좌우한다고 믿었던 그에게 있어서, 우리국민들의 이러한 봉건적인 習性과 夢寐를 하루빨리 치유하지 않고는 富國도 自强도 기대할 수 없으며, 민족의 멸망을 피할 수 없는 것이었다. 그러므로 그는 오늘 爲國하는 길은 역시 自新일 뿐이요, 民習의 완부(頑腐)와 우미(愚迷), 道德의 타락(墮落), 文化의 쇠퇴(衰退)를 새롭게 개혁하기 위해 新敎育, 新規範 등을 통해 힘쓰고자 하였다. 그는 爲國을 위해서 국민들의 새롭게 변화하는 것을 강조했다. 그리고 이렇게 변화된 국민을 그는 20세기의 新國民이라고 하였다.

그가 말하는 교육적 이상형으로의 新國民이란 구체적으로 국가를 사랑하는 애국심을 지니는 것은 물론이요 세력계의 노예, 사상계의 노예, 그리고 현상계의 노예상태를 벗어나 자유를 누리고, 씨족과 관민, 그리고 서얼의 계급적 불평등을 벗어난 평등의식을 지니며, 사리심과 미신을 타파하고 정의를 체득한 자였다.

그리고 冒險進取하며 强壯忍耐하는 의용(毅勇)을 지니고 단체의식과 공익을 존중하는 公共의 道德을 지니는 국민을 의미하는 것이었다.

---

146) 위의 책, 82~83쪽.

그는,

> 嗚呼라 同胞여 同胞는 此 平等・自由・正義・毅勇・公共의 思想을
> 奮揮하여 新國民의 基礎를 築하라 此는 吾儕가 同胞에게 深望하는
> 바며147)

라고 국민모두가 평등・자유・정의・의용・공공의 도덕의식을 지닌 新
國民이 되기를 고대하였다. 그리고 新國民으로서 도덕의식뿐만 아니라
무력증강에 힘쓰며 근면과 진취력으로 국민경제의 발전에 능동적으로
참여하고 정치사상과 정치능력을 구비하는 국민이 되기를 고대했다.
그는 新國民의 양성을 위해서 의무교육제도를 실시할 것과 儒敎를 개
량하고 기독교의 정신을 보전하는 종교계의 혁신을 우선적으로 제안했
다. 그는,

> 今此 韓國은 三千里 山河가 有하니 其 國土가 大하며 二千萬 民族
> 이 有하니 其國民이 衆한지라 然卽 國民同胞가 但只 二十世紀 新國
> 民의 理想氣力을 奮興하여 國民的 國家의 基礎를 鞏固하여 實力을
> 長하며 世界大勢의 風潮를 善應하여 文明을 擴하면 可히 東亞一方
> 에 수립하여 强國의 基를 誇할지며 可히 世界舞臺에 躍登하여 文明
> 의 旗를 揚할지니 嗚呼라 同胞여 어찌 奮勵치 아니하리오148)

라고 하여, 국민모두가 二十世紀 新國民이 되어 국가의 기초를 확고히
하고 세계무대에서 웅비하기를 고대하였으니, 新國民은 그의 교육적
이상형이었던 것이다.

그런데 丹齋의 교육적 이상형으로서 新國民은 淸의 梁啓超의 新民思
想에 크게 공명하고 영향을 받은 것이기도 하다.149) 梁은 제국주의의
팽창과 침탈 속에서 중국을 보전하고 부강한 나라를 만들기 위해서는

---

147) 二十世紀 新國民,「全集」, 別, 219쪽.
148) 위의 책, 229쪽.
149) 李昇遠, 앞의 논문, 105~106쪽.

新敎育을 통해 오랜 專制秩序속에서 형성된 중국인들의 노예근성, 우매함, 이기주의, 위선, 소극성을 타파하고 독립·평등·자치·자유의식 등으로 새롭게 계몽된 근대시민인 新民을 양성하고자 하였다.

丹齋는 梁의 교육사상중에서 특히 新民思想에 크게 공명하면서, 우리국민들도 하루빨리 舊態에서 벗어나 새롭게 변화된 애국적 근대시민, 근대국민인 新國民으로 변화되어야 한다고 인식하였던 것 같다.

③ 구체적인 교육주장

㈎ 전국민교육과 조능교육의 의무화

丹齋는 국가간, 민족간의 경쟁이 치열한 당시 시대에서 自存을 유지하고 文明富國을 이룩하기 위해서는 국민 개개인이 새시대의 新國民으로 변화되어야 가능하다고 보았으며, 그러기 위해서는 전국민에게 초등교육이상의 교육을 받도록 해야 한다고 여기고 있었다. 그는 "國家의 强力은 人民敎育에 在하노라"[150]는 기본 인식 하에 조속히 학교를 설립하고 신식교육을 받은 교사들을 양성함으로써 남녀노소 상하귀천 없이 전국민모두에게 교육을 시켜야 한다고 역설하였다.

그런데 그러기 위해서는 최소한 초등교육단계의 의무교육제도가 정착되어야 한다고 그는 주장하였고 이는 또한 당연한 것이었다. 사실 초등교육의 의무화는 개화파의 朴泳孝가 1888년 그의 「開化에 대한 上疏」에서 남녀 6세 이상의 소학교 의무교육 실시를 제안한 것을 시작으로 하여, 朴殷植, 兪吉濬을 위시한 당시의 선각적 지식인들 모두가 주장하였으며, 丹齋역시 예외가 아니었다.

그는,

> 然이나 現在 韓國의 敎育制度로는 決코 普及을 望치 못할 뿐 아니라 又 金融의 乏이 益甚한즉 敎育界의 悲運이 益迫할지니 어찌 可

---

150) 西湖問答, 「全集」, 別, 133쪽.

嘆할 者 아닌가 吾儕가 己往에도 一論하였거니와 國民同胞가 自意
로 義務敎育制度를 仿用함이 가할진저151)

라고 하여 의무교육제도의 필요성을 제기했다.

물론 丹齋의 의무교육에 관한 주장은 兪吉濬, 朴殷植의 주장에 비해
다소 강조점이 낮고 그 방안제시도 구체적이지 못한 감은 있다. 그러
나 당시 초등교육의 의무교육이 조속히 실시되어야 한다는 입장이 우
리 지식인들 사이의 공통된 인식이었던 점과 張志淵, 朴殷植, 申采浩
등 대표적인 애국계몽사상가들의 교육개혁방안이 거의 동일선상에서
제기되고 있는 점 등을 고려해본다면 크게 다르지 않을 것이라는 추측
이 가능하다.

(나) 體育과 尙武敎育의 중시

丹齋는 교육을 실시함에 "夫 德·智·體 三者에 人이 其一을 棄하면
人이라 謂키 難하며, 國이 其一을 廢하면 國이라 稱하기 難하니 故로
此를 敎育의 三要素라 云하는 바라 然卽 此三育의 中에 何를 存하며
何를 捨하고 何를 重하며 何를 忽하리오마는… 萬一 此三育을 可히 得
兼치 못할진댄 寧且 德·智를 捨하고 體育을 取할지니"152)라고 하여,
智·德·體의 조화로운 발달을 고려하여 교육을 실시해야 하지만 여건
상 겸할 수 없다면 그 중에서도 무엇보다 體育에 힘써야 함을 주장했
다. 뿐만 아니라

丹齋는,

今日 敎育界에 國家精神·民族主義·文明主義 等으로 標幟를 立할 것
은 勿論이어니와 吾儕는 尙武敎育 四字를 大聲으로 唱하나니 何故
요 하면 前節에 論함과 如히 차 世界는 軍國世界라 世界 列國이 슬
皆 尙武敎育 즉 軍國民敎育을 振興하는 故로 彼와 如히 福利를 獲

151) 二十世紀 新國民, 「全集」, 別, 227쪽.
152) 德·智·體 三育에 體育이 最急, 「全集」, 別, 129쪽.

得 又 擴張하나니 嗚呼라 尙武敎育이 아니고는 決코 國家精神·民族主義·文明主義를 維持 發揮치 못할지며 又況 韓國과 如히 武力의 衰頹한 國으로 尙武敎育이 아니고서는 決코 回天의 道를 望키 難하리니 國民同胞는 반드시 尙武敎育을 擴張하여 軍國民의 精神을 修養하며 軍國民의 能力을 俱備케 할지어다[153]

라고 하여 尙武敎育의 중요성과 그 확장을 역설하였다.

그는 體力이야 말로 인간활동의 가본적인 힘으로써 智育과 德育도 體育이 뒷받침되지 않고서는 불가능한데도 과거의 잘못된 儒敎敎育이 體育을 경시하였으며 崇文輕武의 풍조로 인해 한국이 文弱에 빠지게 되었다고 體育과 武輕視의 병폐를 진단했다. 그러면서 당시와 같은 "强兵이 向하는 處에 正義가 不靈하며 大砲가 到하는 處에 公法이 無用하여 오직 强權이 有할 뿐"[154]인 軍國主義 武力競爭에 시대에 대처하기 위해서는 학교에서 체육과 尙武敎育이 실시되어야 한다고 역설하였던 것이다.

體育과 尙武敎育의 강조는 동시대의 애국계몽사상가중 丹齋에게서 가장 두드러진다. 그리고 體育과 尙武敎育의 중시는 國權恢復과 독립을 위한 그의 外勢抵抗的 민족투쟁의 삶, 특히 외교수단을 통한 독립이나 실력양성론, 그리고 민족개조론과 같은 우회적이고 온건한 독립운동의 방안을 거부하고 철저히 무력투쟁방안을 고수하였던 일관된 삶의 방식과 맥락을 같이하는 것이었다.

그는 대포와 함선을 앞세운 무력적 침탈로 특징지워지는 당시 제국주의의 속성을 누구보다도 잘 인식하고 있었으며, 이러한 정황 속에서 민족과 국가를 지키는 유일하고도 시급한 길은 힘으로 무력으로 대항하는 길밖에 없다는 것을 절감하고 있었다. 그러한 丹齋에게 있어서

---

153) 二十世紀 新國民, 「全集」, 別, 227쪽.
154) 위의 책, 219쪽.

體育과 尙武敎育의 중요성은 절대적이었던 것이다.

㈐ 가정·학교·사회교육의 균형적 발전과 早期敎育體制의 중시

丹齋는 또한 교육을 가정교육, 학교교육, 사회교육의 세 마당으로 구분하고155) 각각의 균형적인 발전을 주장했다.

그는 夫가 婦를, 祖가 孫을 敎授하는 가정교육은 가족들간의 서로 단결과 기쁨을 가져오므로 일가의 행복을 가져다주고 나아가 국가의 補益이 되는 것이라고 설명했다. 그러므로 새 교육의 주의와 애국의 사상으로 위로는 부모에게 미치며 아래로는 妻子와 동기에게 미치는 가정교육의 필요성을 주장하였다.

그는 학교교육에 대하여,

時局이 若是忿業하매 人事도 不可不 促急이라 人生 四歲어든 幼穉園에 卽入하여 課學의 例를 見習하고 七歲어든 小學校에 卽入하여 普通課를 學하고 十歲어든 中學校에 卽入하여 高等을 學하고 十三歲어든 大學校에 入하여 專門科를 學하여 十五歲에 卒業케 함이니라156)

라고 하여, 매우 빠른 早期體制의 學制를 구상하였다. 이러한 學制는 매우 단기간의 속진제로서 단재 역시 매우 빠른 체제라는 의구심이 있을 것이라고 예상한 듯, 그 정당성에 대해 변명하였다. 그에 의하면 현재 4세의 아동이 千字文에 능통하고 童蒙先習을 배우기 시작하는 자가 있고, 일본에서는 겨우 5세의 어린이를 유치원에 보내는 자가 있으며, 우리 나라에서도 10세의 어린이가 현재의 중학교수준이라고 볼 수 있는 經典에 능통하고 詩篇을 能作하는 경우가 많은 것을 볼 때, 이러한 그의 제안이 절대로 지나게 早期의 빠른 것이 아니라는 것이다.157)

---

155) 西湖問答, 「全集」, 別, 143쪽.
156) 위의 책, 134~135쪽.
157) 위의 책, 135쪽.

그리고 그는 이렇게 早期에 졸업을 시켜야 조속히 國權恢復과 民族의 興亡을 담당할 人才를 얻을 수 있을 것이라는 논리를 전개했다.

그는 또한 사회교육과 관련하여, 사회교육이란 각 사회인이 士·農·工·商 기타 제반사업의 과정에서 이루어지는 실지의 시험과 목격하고 見習하는 것이라고 하였다.[158] 그러면서 각 개인이 각기 사업 중에서 공부하면서 자국정신을 잃지 않고 그것에 의해 생활한다면, 학식과 학력을 배양하는 교육보다 낫다고 그 중요성을 설명하였다.

결국 丹齋는 체계적인 學制를 통한 학교교육을 발흥시켜야 함은 물론이고 가정은 가정내로, 사회는 각 분야별 사업을 통해서 항상 배우고 익혀야 함을 강조한 것이요, 그럼으로써 국가의 부강을 도모할 수 있다고 믿었던 것이다.

㈑ 國文사용의 중시

丹齋를 이해함에 빼놓을 수 없는 사상적 특징은 民族主體性의 중시라는 점이다. 이는 그의 歷史思想의 핵심이자 민족주의의 기본적 바탕이라 할 수 있다. 中華主義的 名分論에 입각한 어떤 논의도 그에게 있어서는 事大主義的인 것이요 철저히 배격해야 할 것이었다. 그의 反事大主義的 主體意識은 교육에 있어서 漢文보다 한글을 중시해야 하며, 國文으로 쓰여진 자국의 歷史地誌를 모든 국민에게 읽힘으로써 愛國心을 고취해야 한다는 논리로 전개된다.

그는 당시에 國漢文과 관련된 주장들에 대해 國文을 중히 여기고 漢文을 경히 여겨야 한다고 강조했다. 그에 의하면 漢文은 중국인들의 문자인 외래어이며, 그 폐해가 심하기 때문에 우리의 글로서 그 폐해가 없는 國文을 중히 여겨야 한다는 것이다.[159] 그가 지적한 漢文의 폐해는 漢文을 쓰는 중에 우리의 국수(國粹)와 국혼(國魂)을 망각하거

---

158) 위의 책, 35쪽.
159) 國漢文의 輕重, 「全集」, 別, 73~77쪽.

나 경홀히 하고, 自國의 歷史도 모르고 자기자신이 누군지도 모르는
체 중국의 일개 부속 국으로 여기면서 中國史와 중국의 위인들만 중시
하게 되는 노예근성이 가득하게 된다는 것이었다. 그는 漢字가 성행치
않던 三國이전에는 전국민이 自國만을 존귀히 여기고 사랑하여 비록
支那가 大國이나 仇敵으로 경시하고 隋天子나 唐皇帝를 해충과 이리와
같이 여기면서, 남녀노소 모두가 愛國血誠으로 나라를 위하여 唱歌하
고 哭하며 죽음으로써 대적함으로 그 기개와 위세가 높고 그 세력이
대단했으나, 三國時代이후 모든 사람들이 漢字를 사용하고 중국의 역
사를 읽고 중국의 문화를 숭상하면서 堯·舜·湯·武를 檀君·扶婁·
赫居世·東明王보다 더 信仰하며 謳歌하고, 漢武帝, 唐太宗은 천하의
영웅으로 인정하되 광개토왕이나 태종문무왕은 경시하며, 宋太祖와 明
太祖는 萬古의 聖天子로 존중하면서도 온조왕, 왕건태조는 일시의 小
兒輩로 여기는 등의 수치스럽고 가소로운 事大主義的 습성에 빠지게
되었다고 漢文의 병폐를 지적했다. 그는 漢文의 사용은 단순한 문자의
사용문제가 아니요 우리의 자랑스러운 역사와 國魂, 그리고 國家思想
을 잃어버리게 만들고 쇠퇴한 오늘의 지경에 빠지도록 한 근본적인 원
인이기도 하다고 판단하였던 것이다.

그러므로 그는,

> 自國의 言語로 自國의 文字를 編成하고 自國의 文字로 自國의 歷史
> 地誌를 纂輯하여 全國 人民이 捧讀傳誦하여야 其 固有한 國精을 保
> 持하며 純美한 愛國心을 鼓發할지어늘160)

이라고 하여, 國文으로 우리의 歷史地誌를 만들어 읽게 함으로써 우리
의 고유한 國粹, 國家精神을 保持하고 純美한 愛國心을 고취·촉발시킬
것을 주장했던 것이다. 결국 그에게 있어서 國文을 중시하고 적극 사

---

160) 위의 책, 75~76쪽.

용하는 것은 國粹, 國家精神을 지키고 愛國心을 고취하는 역할과도 깊은 관련성이 있는 것으로 여기고 있었던 것이다. 여기서 또 한가지 살펴보아야 할 것은, 丹齋는 國文의 起源과 관련해 세종대왕의 한글창제보다 훨씬 소급해 파악하고 있다는 점이다. 그는 國文의 창조는 세종대왕이전 高僧 了義에 의한 것이요 더 나아가 檀君時代에 이미 존재했던 문자라고 주장했다.161)

이러한 그의 國文起源說은 심도 있는 논의가 요구되는 문제이라고 할 수 있으나 그 진위를 떠나, 國文의 창제를 漢字 傳來前의 三國時代 이전으로 소급시킴으로써 민족의 자존심을 높이고 國文의 중요성을 강조하려고 하였던 그의 의도는 십분 이해할 수 있다고 여겨진다.

丹齋에게 있어서 國文의 사용은 民族의 主體性의 확립과 愛國心과 國家思想고취의 기초였다.

㈐ 소설과 역사서의 교육적 가치중시

丹齋에게 있어서 또 하나 흥미로운 것은 愛國心을 불러일으키는 국민교육적 방편으로서 소설과 시, 그리고 특히 역사책을 중시했다는 점이다.

그는,

小說은 國民의 羅針盤이라 其 說이 俚하고 其 筆이 巧하여 目不識丁의 勞動者라도 小說을 能讀치 못할 者 無하며 又 嗜讀치 아니할 者 無하므로 小說이 國民을 强한 데로 導하면 國民이 强하며 小說이 國民을 弱한 데로 導하면 國民이 弱하며 正한 데로 導하면 正하며 邪한 데로 導하면 邪하나니 小說家된 者 마땅히 自愼할 바어늘 近日 小說家들은 誨淫으로 主旨를 삼으니 이 社會가 장차 어찌되리오162)

---

161) 國文의 起源, 「全集」, 別, 78쪽.
162) 小說家의 趨勢, 「全集」, 別, 81쪽.

라고 하여, 소설은 국민 누구나 읽을 수 있고, 또 즐겨 읽는 영향력으로 국민을 强하게도 弱하게도 그리고 正하게도 邪하게도 이끌 수 있는 國民의 羅針盤이라고 그 중요성을 언급하였다. 그러면서 그 중요성을 망각한 채 회음(誨淫)小說에만 매달리는 당시의 우리 소설가들을 질책하였다.

그는 소설은 물론 "詩가 人情을 感發함에 如此히 不可思議의 能力이 有한지라… 詩가 盛하면 國도 亦盛하며 詩가 衰하면 國도 衰하며 詩가 存하면 國도 亦存하며 詩가 亡하면 國도 亦亡한다 하노라"[163]고 하여, 시의 不可思議한 감화력과 그 영향력의 대단함을 밝혔다. 그는 이처럼 小說과 詩의 국민적 감화력과 영향력의 대단함에 관해 중시하고 있었으며, 小說과 詩를 통해 국민을 强하고 正하게 하며 국가를 盛하고 存하게 할 수 있다고 그 교육적 중요성을 강조하였다. 그는 소설과 시가 지닌 교육적 효과를 인식하고 있었을 뿐만 아니라 실지로 역사전기소설인 「乙支文德」, 「聖雄李舜臣實記」, 「東國巨傑崔都統(瑩)傳」 등과 단편소설 「龍과 龍의 大激戰」, 「一耳僧」 등을 저술·발표하였다. 소설의 사회교육적 효과를 높게 평가하고 그것을 적극 활용하려했다는 점에서 丹齋는 梁啓超와 그 맥락을 같이하고 있다. 梁은 소설은 남녀노소 귀천에 관계없이 좋아하며 읽는 독자로 하여금 마음에 쉽게 파고들며 감동시키는 不可思議한 힘이 있다고 파악하면서,[164] 특히 국민정신을 개혁하는 데 도움이 되는 것으로 역사전기소설을 중시하였다.

언론활동에 참가하면서 丹齋에게 自强思想이 처음 배태된 것은 梁의 역사전기소설 「伊太利建國三傑傳」을 역술하면서부터였다.[165] 丹齋는 이 역술을 통해 맛치니, 카부르, 가리발디라는 이태리 근대통일 민족국

---

163) 天喜堂詩話(詩의 能力, 詩道와 國家의 關係), 「全集」, 別, 64-66쪽.
164) 梁啓超, 論小說與羣治之關係, 1902, 「新小說」 第1號, 「飮氷室文集」 第四冊.
165) 申一澈, 前揭論文 참조.

가의 三傑을 한국사 속에서 찾은 결과, 을지문덕, 최영, 이순신으로 정립하고, 1906년 「伊太利建國三傑傳」 역술이후 「대한매일신보」에 「聖雄李舜臣實記」, 「乙支文德」, 「東國巨傑崔都統(瑩)傳」이라는 역사전기소설을 발표하였다.

이와 함께 丹齋는 愛國心과 國家精神을 심어주는 방편으로서 역사를 중시하였다.

그는,

> 嗚呼라 若何하면 我李千萬의 耳에 恒常 愛國이란 一字가 鏗鏘하세
> 할까 ㅁ 惟歷史로 以할지니라. 嗚呼라 若何하면 我二千萬의 眼에
> 恒常 國이란 一字가 徘徊 하게 할까 曰 惟歷史로 以할지니라. 嗚呼
> 라 若何하면 我二千萬의 手가 恒常 國을 爲하여 拮据케 할까 曰 惟
> 歷史로 以할지니라. 嗚呼라 若何하면 我二千萬의 脚이 恒常國을 爲
> 하여 踴躍케 할까 曰 惟歷史로 以할지니라…嗚呼라 若何하면 我二
> 千萬의 腦가 恒常 國을 爲하여 沈思케 할까 曰 惟歷史로 以할지니
> 라…嗚呼라 若何하면 我二千萬의 血血淚淚가 恒常 國을 爲하여 熱
> 滴케 할까 曰 惟歷史로 以할지라…166)

라고 하여, 역사가 이천만 동포들의 귀와 눈, 손과 발, 뇌와 목구멍, 머리털까지도 국가를 위하도록 만드는 신성한 효과가 있는 것이라고 그 중요성을 언급하였다. 신채호는 역사야말로 愛國心을 북돋아주고 국권회복을 위한 가장 효과적인 방법이나, 國家精神이 있는 自國의 역사만이 愛國心을 배양하는 진정한 역사라고 하였다. 그는 모든 역사가 바로 愛國心을 배양하는 것은 아니며, "民族主義로 全國의 완몽(頑夢)을 일깨우며 國家觀念으로 靑年의 신뇌(新腦)를 빚어주는 歷史"167)와 외국의 역사가 아닌 우리의 역사, 本國史라야 가능하다고 보았다.

---

166) 歷史와 愛國心의 關係, 「全集」, 下, 72쪽.
167) 讀史新論, 「全集」, 上, 472쪽.

그는,

> 邦國이 許多하매 歷史도 許多하여 英國史·俄國史 等이 有하지마는
> 然이나 外國史를 讀함은 知彼知己하여 競爭을 資할 而已니 愛國心
> 을 傍助함은 能하나 愛國心을 主動함은 不能할지라 故로 茲에 云한
> 歷史는 本國史만 指함이오168)

라고 하여 愛國心을 주동할 本國史의 중요성을 강조했다. 그는 이처럼
국민들의 뇌리에 국가관념을 심고 愛國心을 북돋아주는 本國史를 연구
하고 읽게 하는 것이 그 무엇보다도 필요하고 중요하다고 보았던 것이
다. 丹齋는 이처럼 역사를 民族主義的 愛國心 고취와 배양을 위한 교
훈으로 여기고 그 교육적 효과를 중시하였던 것이다.

丹齋는 이밖에 우리의 역사적으로 전래하는 풍속·습관·법률·제도 등
의 정신인 국수를 보전하자고 하였다. 또한 당시의 부패한 儒家의 虛
僞, 虛學, 形式을 버리고 實學에 힘쓰며 '小康'을 버리고 '大同'으로 나
아가야 한다고 儒敎界의 求新을 역설하였으며, 국민을 마혹(魔惑)케 하
는 서적, 종지와 조리가 없는 서적, 인명·지명이 잘못된 서적이 아닌
국민을 올바르게 계도하는 좋은 서적을 출판할 것을 주장하기도 했다.

(4) 신채호 교육사상의 의의

丹齋는 1905~1910년의 民族存亡의 위태로운 시기에 언론활동을 중
심으로 봉건적 구체제의 몽매를 개혁하면서 일본과 기타 열강들의 무
력적 침탈 속에서 國權을 守護하기 위한 국민계몽에 힘쓴 대표적인 애
국계몽사상가이다.

그는 張志淵, 朴殷植 등과 마찬가지로 儒學的 소양 위에 實學思想을
연원으로 한 開化思想을 내적으로 계승하고, 康有爲, 梁啓超를 중심으

---

168) 위의 책, 73쪽.

로 중국의 개혁과 근대화를 추구하던 變法自强思想의 영향을 받았다. 특히 社會進化論的 시대인식을 제공하고 서구의 각종 근대사상을 소개해준 梁啓超의 영향은 丹齋의 敎育思想과 歷史思想의 토대를 형성하는 데 결정적인 역할을 하게된다.

丹齋가 조속한 新敎育의 발흥을 통해 國權의 恢復과 근대화를 이룩하고자 하였음을 앞서 살펴보았다. 그는 교육을 통해 무엇보다도 愛國心을 배양하고자 하였다. 그에게 있어서 愛國心은 국민모두를 國權恢復과 조국근대화의 대열에 자발적으로 참가하고자 하는 열의를 지니게 하는 내적 에네르기였다.

어떤 국가이든 국민들에게 愛國心이 없다면 결국은 衰하고 亡할 수밖에 없다고 믿는 그에게 있어서 愛國心의 배양은 교육의 목적이었다고 할 수 있다. 그런데 그는 愛國心의 배양과 고취를 위해서는 국민모두에게 세계의 정세와 흐름을 알게 하고, 국가가 무엇이며 국가와 국민의 관계가 무엇인지를 알게 하며, 자유와 평등, 독립과 자치의식 등을 깨우치는 교육이 절대적이라고 생각했으며, 바로 그러한 교육만이 올바른 교육이라고 여기고 있었다. 그리고 올바른 교육을 통해 舊態의 무지와 몽매, 노예상태에서 벗어나 세계의 정세와 우리의 위치, 국민으로서의 책임과 의무, 자유·평등·독립의식 등을 구비한 진정한 愛國者를 양성하고자 했는데, 그가 바로 그의 교육적 이상형으로서의 '新國民'이었다. 丹齋는 愛國心을 갖춘 新國民을 양성하고 富國과 自强을 이룩하기 위해 구체적으로 전국민교육과 초등교육의 의무화, 體育과 尙武敎育의 실시, 조기교육체제와 가정·학교·사회교육의 균형적 발전, 國文의 愛好, 소설과 역사의 교육적 활용 등의 근대적인 교육방안들을 제시하였다.

그런데 丹齋의 교육주장들을 검토해 볼 때 다음과 같은 특징과 한계점들을 발견할 수 있다.

첫째, 교육을 통한 개개인의 인간형성과 행복보다는 국가의 安富와 尊榮을 우선시하는 근대적 성향의 국가주의교육중시의 경향이 강하다는 것이다. 그가 '新國民'의 자질로서 자유·평등·독립의식 등 근대시민의식을 중시했으나, 그것은 弱肉强食과 生存競爭의 세계 속에서 국가와 민족의 자존을 위한 자질로서 요구되었다고 할 수 있다.

둘째, 民族主體性의 回復과 昂揚을 중시했다는 것이다. 교육에 있어서 民族主體性의 강조는 丹齋는 물론 外勢抵抗的인 애국계몽사상가들의 공통적인 관점이었다. 그럼에도 丹齋만큼 反事大主義的 民族主體性 확립에 심혈을 기울인 사람은 드물 것이다. 그가 韓國古代史중심의 역사연구를 통해 主體的 民族史學을 구축한 것은 말할 필요도 없겠으며, 교육에 있어서도 國家精神을 중시했으며 漢文을 외래어로 여기고 우리의 글을 사용하고 歷史地誌를 편찬해 읽게 함으로써 民族的 自尊心과 主體意識을 회복하려고 하였다.

셋째, 교육이 곧 투쟁적 무기였다는 것이다. 그의 교육주장들이 국가주의교육중시의 경향이 강하다는 것은 밝혔거니와, 더 나아가 교육은 직접적 투쟁무기였다고 할 수 있다. 그는 新教育을 통한 民智의 계발보다는 愛國心이라는 발분적(發憤的) 意志의 고취(鼓吹)에 비중을 두었다.

그에게 있어 智·德의 발전도 중요하나 무력경쟁의 시대에 있어 體育의 비중이 컸고 군사훈련의 尙武教育이 일차적으로 중요했다. 國權恢復과 독립에 도움이 되지 않는 교육이란 그에게 의미가 없었다고 할 것이다. 그런 점에서 애국계몽운동의 지도자들이 反帝·反封建의 투쟁을 교육, 문화, 종교에 한정시킨 소극적 운동으로 왜소화시켰으며 애국계몽운동이 본질적으로 개량주의적 운동으로 빠지는 것을 어찌할 수 없었다는 비판[169]은 그의 경우에는 다소 부적합하다고 해야 할 것이다.

---

169) 尹健次(심성보 역), 앞의 책, 298쪽.

넷째, 교육에 대한 주장들이 다소 체계적이지 못하고 그 논의도 심도 있게 전개되지 못하는 감이 있다. 丹齋의 교육주장들은 동시대의 대표적 애국계몽사상가인 朴殷植과 兪吉濬에 비해 교육에 대한 강조점이 낮았고, 그 견해들도 다소 체계적이지 못했다는 평170)을 듣는 것은 교육을 國權恢復의 직접적 수단으로 여기는 특성과도 관련이 있는 것 같다. 그의 교육주장 속에는 박은식 등에서 나타나는 학생들의 발달단계와 天性에 따라서 교육을 시켜야 하며, 幼兒와 兒童期에 놀이중심, 관찰중심, 활동중심의 교육을 우선시해야 한다는 식의 심리적·과학적 측면을 고려한 교육주장이나, 교육의 수단적 측면과 함께 인격완성이라는 본질적 측면의 논의도 찾아볼 수 없는 것이 사실이다. 4세에 유치원, 7세에 초등학교, 10세에 중학교, 그리고 13세에 대학에 입학시켜야 한다는 그의 학제구상도 학생의 발달단계를 심도 있게 고려하지 않은 다소 피상적인 학제라고 밖에 볼 수 없다.

丹齋의 教育思想의 특성과 한계는 풍전등화와 같았던 한반도의 정세와 그리고 그러한 현실에 적극적으로 대처했던 그의 外勢抵抗的인 삶 전체와 관련시켜서만 제대로 이해할 수 있을 것이다. 丹齋의 생애에 있어서 그의 사상을 일관되게 지배한 근본 바탕은 愛國的 民族主義였으며 國權恢復과 조국광복을 위한 독립운동이었다. 그의 국사연구와 해외 무장투쟁은 물론이고 애국계몽기의 교육주장들도 구국의 실천적인 방안이었다.

---

170) 盧承允은 朴殷植의 교육사상적 특성을 申采浩, 兪吉濬의 교육사상과 비교하여 살폈는데, 申采浩의 경우 朴殷植과 兪吉濬에 비해 교육에 대한 강조점이 낮았고 교육에 대한 견해에 있어 다소 체계적이라고 지적하고 있다. 그에 의하면 申采浩의 경우 사실 교육을 國權恢復을 위한 여러 활동중의 하나 이상으로 중시하거나 절대시하지 않았고 평생을 통해 비중을 둔 것은 교육보다는 역사연구와 무장투쟁이었다고 볼 수 있다는 것이다(盧承允, 朴殷植의 民族敎育思想硏究, 중앙대대학원 박사학위논문, 1987, 108쪽).

그는 新教育만 발홍된다면 저절로 國權恢復을 이룰 수 있다고 믿지 않았다고 여겨진다. 그러므로 애국계몽운동이 빠지기 쉬운 교육만능주의의 맥락에서 그의 교육사상을 파악해서는 오류를 범할 수 있다. 그는 군사력을 앞세운 무력경쟁의 제국주의 시대 속에서 우리민족이 낙오되고 도태되지 않기 위해서는 조속한 新教育의 발홍과 무력투쟁, 주체성 있는 역사인식 등이 병행되어야 한다고 믿고 그것들을 실천하였다. 그에게 있어서의 교육이란 主體性을 상실한 채 서구의 학문을 추종하거나, 눈앞의 현실목표인 國權恢復과 직접적인 관련이 없는 온건적이고 장기적 측면의 효과를 기대하는 것과는 거리가 멀었다. 그에게는 쇠망해 가는 민족에 대한 피눈물나는 안타까움과 함께, 민족과 국가를 위해서라면 죽음을 두려워하지 않는 불붙는 愛國心을 불러일으키는 교육, 지식위주의 교육에 빠지지 않고 신체의 강건함과 군사력을 배양하는 교육, 찬란했던 우리민족사에 대한 자긍심과 그것을 되찾으려는 주체적인 교육, 바로 이러한 교육이야말로 國權恢復 民族獨立에 직접적으로 관련 있는 교육이었으며, 조속한 교육발홍의 존재이유였다고 할 것이다.

4. 애국계몽사상과 '신민(新民)' 양성

주지하듯이, 애국계몽운동은 논리적이고 일관된 사상체계로 심도 있게 발전되었다기보다는 암울한 시대상황을 극복하기 위해 우후죽순 일어난 운동이요 경향이었다. 그러나 애국계몽운동은 내적으로는 실학사상을 계승하였으며, 개화사상을 기반으로 한국적 근대 민족주의를 형성하고 근대적 국민국가를 형성시키려 했던 민족 각성의 근대지향운동이었다. 애국계몽사상은 교육과 식산(殖産)을 통해 국권회복과 부국자강을 도모했으며, 특히 신교육의 발홍에 힘써 한국 근대교육의 기초를 닦고 해방 후 민주·민족교육의 토대를 형성했던 교육중시의 사상이요 운동이었다.

신채호의 교육사상에서 볼 수 있듯이, 애국계몽사상가들은 신교육을 통해 하루 빨리 '새시대의 새 국민', 즉 계몽된 근대시민을 양성하려고 애썼다. 그리고 '신국민(新國民)'또는 '신민(新民)'으로 표현되는 한말의 교육적 이상형은 청의 양계초의 신민사상에서 말하는 '신민(新民)'에 직접적으로 영향 받은 것이었다. 그러면 애국계몽사상에서 중시되고 있는 신민이란 구체적으로 어떠한 사람을 의미하는가.

신채호에게 있어서 新國民이란 구체적으로 국기를 사랑하는 애국심을 지니는 것은 물론이요, 남에게 의지하는 노예근성을 버리고, 씨족과 관민, 그리고 서얼의 계급적 불평등에서 벗어나 자유와 평등의식을 지니며, 사리심과 미신을 타파하고 정의를 체득한 자였다. 그리고 冒險進取하며 强壯忍耐하는 의용(毅勇)을 지니고 단체의식과 공익을 존중하는 公共의 道德을 지니는 국민을 의미하는 것이었다.

아울러 무력증강에 힘쓰며 근면과 진취력으로 국민경제의 발전에 능동적으로 참여하고 정치사상과 정치능력을 구비한 애국적인 근대국민이었다. 한마디로 신교육을 통해 신지식을 갖추고 정치사상과 정치능력을 구비한 사람<智>, 봉건의식의 잔재를 버리고 자유·평등·공공 도덕을 지닌 사람<德>, 진취적 의용과 모험심을 갖춘 사람<勇>, 그리고 체육과 무력증강에 힘쓰는 사람<體> 이라고 할 수 있겠다. 즉, 지·인·용, 지·덕·체를 구비한 근대시민이라 볼 수 있겠다.

근대의 대표적인 교육사상가인 박은식 역시, 신교육을 통해 오랜 주자학적, 전제적, 봉건적 질서 속에서 형성된 국민들의 전근대적인 자질을 청산시키고 새시대의 새 국민, 新民으로 변화시키고자 했다. 박은식이 교육을 통해서 새롭게 변화시키고 양성하고자 했던 신민이란 주체적 자각의식과 주인의식을 지닌 근대시민이요 근대국민이라 할 것이

라. 그런데 박은식의 논저를 통해 그가 말하는 신민의 구체적인 성격을 살펴보면, 主體的 國魂배양인, 求新하는 지식인, 협동적 단합인, 근면적 자립자활인, 불굴의 모험인으로 정리할 수 있다.171) 즉, 求新하는 지식인<知>이자, 협동적 단합인과 근면적 자립자활인<德>이며, 주체적 국혼배양인과 불굴의 모험인<勇>이라 할 수 있으니, 신채호의 경우에서처럼, 한 마디로 지·덕·체, 지·인·용을 구비한 근대시민이라 할 수 있겠다. 이렇게 볼 수 있는 것은 이 시기에 이미 지·덕·체의 三育論을 중시한 서구의 18세기 신인문주의 교육사조가 수용되어 우리의 지식인들에게 널리 알려져 있었으며, 신채호나 박은식 등의 애국계몽 사상가들 역시 중시하고 있었기 때문이다.

다만 페스탈로찌를 위시한 신인문주의자들이 德을 중심으로 한 조화로운 인격완성을 이상으로 하였다면, 애국계몽사상가들은 體와 勇을 중심으로 한 조화로운 근대시민을 양성하려고 했다고 구분할 수 있겠다. 그리고 이는 일제를 위시한 제국주의 열강의 침탈 속에서 조속히 힘을 길러 국권을 회복해야 하는 시급한 시대적 요청과 관련된다고 볼 수 있겠다.

---

171) 이승원, "朴殷植의 新民敎育", 「진리논단」 제4호, 1999(천안대학교논문집), 515~539쪽.

연구·토의 과제 ...

1. 한국 애국계몽사상의 형성배경을 정리해 보자.
2. 한국 애국계몽사상가들에게 끼친 청의 양계초의 영향을 논의해 보자.
3. 신채호의 교육주장들을 동시대의 내표적인 애국계몽사상가인 박은식의 주장과 비교해 보자.
4. 한국 애국계몽사상의 의의와 한계를 토의해 보자.
5. 다음의 용어들을 설명해 보자.
    ① 위정척사(衛正斥邪)
    ② 민족사학(民族史學)
    ③ 신민(新民)
    ④ 상무교육

Ⅶ. 基督教 思想과 敎育

기독교 사상과 교육

Ⅱ. 기독교 사상과 교육

1. 기독교의 수용과 발전

우리나라의 경우 기독교는 서양문화의 전래와 더불어 들어온 천주교에 의해서 시작되었다. 천주교 신자를 처음으로 접촉하기는 임진왜란 때로 소급할 수 있다.

일본군 지휘관의 하나인 소서행정이 천주교 신자였던 관계로, 예수회 신부였던 그레고리 오데 쎄스페디스(Father Gregorio de Cespedes)도 함께 왔었다. 이뿐 아니라 그 후에도 몇 사람의 천주교인들과의 접촉이 있었으나, 선교 면에서 별 효과는 없었다.

그러던 것이 조선 후기, 영·정조대에 이르러 청나라를 경유해 서양의 문물을 소개하고 알리는 화포·천리경·자명종·만국지도 등과 함께 각종 천주교서적들이 소개되기 시작했다. 그러면서 처음에는 실학자들의 학문적 관심의 대상밖에 되지 못했던 천주교가 이벽·이가환·이승훈·정약전·정약종·권철신 등의 남인 학자들에 의해서 본격적으로 연구되고 신앙으로 받아들여지게 되었다. 대개 초기의 천주교신자들은 정치적으로 소외를 당하고 있었던 정조 시의 남인들과 중인들, 그리고 부녀자, 특히 과부와 宮女들이 대부분이었으며, 그 이유는 萬民平等思想, 天國到來思想, 봉건적 질서에 대한 비판적 시점이 그들을 매혹했기 때문이라고 할 수 있다.172)

천주교의 교리는 당시의 체제에 대한 도전이자 비판의식을 낳는 것이었기 때문에 전례문제 등으로 심하게 박해를 받으면서 제대로 전파

---

172) 김정환, 「교육철학」(서울 : 박영사, 1989), 280쪽.

되지 못하고 말았다. 선교가 비밀리에 행하여졌기 때문에 조직적인 교육사업은 하지 못했다는 한계와 성경을 가르쳐 주지 않고 교회제도만 너무 강조하는 등의 결함173)도 지적될 수 있을 것이다. 로드(Rhodes) 박사는 초기의 카톨릭교가 한국에서 한 일 중에 실수한 것을 다음과 같이 들었다.174)

첫째로 그들이 우리 조상들에게 세례(영세)를 줄 때에 외국 이름을 지어준 것이었다.

둘째로 우리나라 정부에 대하여 프랑스나 영국의 세력으로 간섭해 보려고 했다.

셋째로 전도를 공공연하게 하지 않고 비밀히 하거나 기만적인 방법으로 했다.

넷째로 일반 백성에게 성경을 주지 않는 일 등이다.

조직적 선교 및 교육사업은 新教에 의해서 시작되었다. 개신교의 운동은 성경이 중심으로 되어 복음전파가 시작되었다. 1861년에 영국인 바실 홀이 우리나라 서해안을 측량할 목적으로 막스웰이라는 사람과 함께 배를 타고 백령도와 청도(靑島)에 상륙하여 여러 가지 진귀한 물품을 주는 동시에 당시 중국 선교사로 와 있던 모리슨 목사의 부탁을 받아 가지고 온 한문 성경을 전하였다.175)

한국에 건너온 최초의 선교사는 구츨라프(1832)와 토마스(1865)였으나, 이들은 商船 또는 軍船에 편승하여 입국하고 성경을 전달해 주었으나, 장기간 머물러 있지 못했거나 혹은 交戰中에 죽었기에 교육사업은 하지 못했다. 그 후 로쓰 목사와 그의 매부인 매킨타이어 목사 두 사람

---

173) 김득룡, 「기독교교육원론」(총신대학출판부, 1979), 151쪽.
174) 위의 책, 152쪽 재인용.
175) 위의 책, 같은 쪽.

이 토마스 목사가 선교하려다 실패한 보음전파를 위해 만주 압록강 건너편에 자리를 잡고 선교에 힘쓰게 되었고, 성경을 한국어로 번역하기도 하였다. 그리고 의사 알렌이 1884년 한국공사관의 전속 의사로서 민영익의 병을 치료하면서 한국 정부로부터 신임을 받게 되고 오랫동안 닫혀있던 복음 전파의 문호를 열게 된다.

조직적인 선교사업과 교육사업은 언더우드 목사와 아펜셀러 목사가 1885년 4월 5일 부활절에 제물포에 상륙하고 스크랜튼 목사 등이 내한하면서 본격화된다. 이들은 복음사업의 일환으로 배재학당(1885), 이화학당(1886) 등의 기독교계 학교를 설립하고 현대식 교육을 받은 기독교적 인재양성에 힘씀으로서 한국 근대교육의 발전에 크게 기여하게 된다. 특히 이런 기독교계학교의 교육이념 중에 우리는 몇 가지 주목할 점이 있는데, 그 첫째는 성경을 주요과목으로 하고, 교육이념을 배재학당훈에서 보듯이 "욕위대자당위인역(欲爲大者當爲人役)"의 봉사정신에 두었다는 것, 둘째는 "될 수 있는 한 이 나라의 풍속과 예법을 존중하고 한국 사회에 맞는 사람을 기르려고 했다"는 것, 셋째는 民族主義를 의도적으로 고취함으로써 독립정신을 길러 주었다는 것, 넷째는 여성교육을 중시함으로서 一夫一妻制의 도덕의 정착에 노력했다는 것, 다섯째는 사회적으로 소외된 계층, 민중을 대상으로 넓은 의미의 社會敎育에 힘썼다는 점176)등이라 할 것이다.

기독교교육은 주일학교를 중심으로 한 교회교육을 통해 아동기 때부터 뿌리를 내리기 시작하는데, 우리의 경우 1888년 1월 15일에 서울 정동의 이화학당에서 처음으로 어린이 12명과 부인 3명이 모여서 성경을 공부하면서 부터이다.

이렇게 발전하기 시작한 기독교 선교교육은 현재에 이르기까지 숱한 시련을 겪었다. 특히 제2차대전의 말기에 단말마적인 日帝는 民族敎育

---

176) 김정환, 앞의 책, 281쪽.

을 말살하기 위하여, 皇國臣民誓詞, 創氏改名, 日語使用, 神社參拜 등을 강요했고, 이에 항거한 많은 기독교계 학교가 자진폐교 또는 강제폐교 되기에 이르렀다. 日帝는 특히 內鮮一體라는 명분으로 日人 子女와 한 국인 자녀의 共學을 내세워, 신설되는 사립학교에는 일본인 교장을 취 임시켜 사실상 民族敎育의 길을 막기도 했다. 그러나 기독교계 학교는 이에 슬기롭게 대처하여 민족교육의 명맥을 유지하였고, 광복 후에는 私學의 主流를 점하기에 이르렀다.177)

기독교는 예수 그리스도를 유일하신 하나님의 독생자요, 죄에서 인 간을 구원하실 구세주로 믿고 시인하면서, 예수 그리스도의 가르침과 성경을 확실한 진리로 인정하고 있다. 기독교가 다른 종교에 비해서 현저하게 두드러지는 차이점을 김정환은, 唯一神思想과, 사랑을 최고의 덕으로 여기는 점, 攝理史觀, 그리고 강력한 組織性이라고 보았다.178) 기독교의 핵심은 예수 그리스도이다.

성경은 그의 탄생과 죽음, 부활을 오래 전부터 예언하였으며, 그의 재림을 약속하고 있다. 그는 짧은 생애를 살았지만 그의 영향력은 과 거에는 물론 현재에도 심대하다. 교육적인 측면에서도 예수의 영향은 지대하였다.

2. 예수의 기독교교육사상

인류역사상 예수만큼 다방면에 걸쳐 많은 영향을 끼친 사람은 드물 것이다. 예수의 영향은 그를 '주(主)'요 '그리스도'로 섬기고 있는 기독교 인은 물론이고 무신론자들에게도, 그리고 과거와 현재는 물론 미래까 지 지속될 것임을 확신할 수 있다.

---

177) 위의 책, 282쪽.
178) 위의 책, 269~271쪽.

예수가 인류에게 끼친 많은 기여 중 교사로서 모범을 보여준 교육적 영향은 심대하다고 할 수 있다. 예수가 서양교육사에 미친 영향은 막대하다.

예수의 가르침은 퀘이커교도와 예수회의 수도사들과 같이 다양한 집단에 영향을 끼쳤다. 그는 감정을 종교의 기조라고 지지했던 경건주의자들 뿐만 아니라 이성을 믿었던 자연신교도들에게 지대한 영향을 끼쳤다. 로욜라(Loyala)와 같은 정설 신봉자들은 그의 권능을 느꼈으며, 슈바이처(Schweitzer)와 같은 자유주의자들은 예수를 그들의 철학적이고 인도주의적인 노력을 격려해 주는 인물로 간주했다.179) 서양교육사는 물론이고 우리교육의 경우에도 예수의 영향은 기독교의 전래와 함께 기독교계 학교, 교회의 주일학교교육 등을 통해, 그리고 다양한 사회교육을 통해 비중 있게 지속되고 있다.

예수는 그의 사명을 완수하기 위해 제자들과 많은 대중들, 그리고 그를 적대시했던 당시의 종교지도자들에게도 자신과 하나님 아버지, 하늘나라, 회개와 구원, 거듭남, 이웃 사랑 등 많은 것들을 직접 깨우치고 가르쳤다.

예수가 그의 사역을 행하시는데 사용한 두 가지 큰 수단은 기적과 교육이었으며, 이 둘 중에 교육이 훨씬 더 중요했다. 초대 교회의 그리스도인들에게는 예수의 경우와 마찬가지로 교육의 직무가 전도의 직무에 우선했다.

성경에서 "전도하다"라는 단어는 143번 나타나는 반면, "가르치다"라는 단어는 207번 사용된다. 기독교 신앙이 시작될 때부터 오늘 이 시간에 이르기까지 끊임없는 교사들의 계승이 있어 왔다.180)

179) F. Mayer(성기산 역), 「위대한 교사들」(서울 : 문음사, 1988), 115쪽.
180) C. B. Eavey(박영호 역), 「기독교교육 원리」(서울 : 기독교문서선교회, 1992), 25~26쪽.

그러므로 교사로서 예수의 삶을 이해하고, 기독교교육사상을 고찰하는 것은 매우 의미 깊은 일이라 할 수 있다.

(1) 생애와 교육사상 형성배경

예수(기원전 8년과 4년 사이~서기 29)는 기원전 4년경 베들레헴의 말구유에서 태어나서, 갈릴리(Galilee)의 작은 마을 나사렛(Nazareth)에서 성장했다. 예수가 태어났을 때 유대는 정치적으로 무기력하였다. 당시 유대는 로마의 지배 하에 놓여 있었으며, 이러한 지배는 처음이 아니었다. 유대는 고대의 여러 제국들 이집트, 아시리아, 바빌로니아, 페르시아, 시리아 등에 의해 지배와 위협을 받아왔다. 유대는 로마의 지배를 받아 오다가 70년에는 완전히 멸망하였다. 당시에 예수는 필연적으로 잘못 이해될 수밖에 없었다. 그는 사회변동이 심했던 시기에 살았다. 유대인들은 로마인들에게 박해를 받고 있었기 때문에 다른 나라의 속박으로부터 그들을 해방시켜 줄 지도자를 찾았다.[181]

예수는 성령에 의해 잉태되었고 잉태 당시 요셉과 마리아는 정혼한 관계였다. 요셉은 목수로서 다윗의 후손이었으며, 마리아는 신실하고 순결한 동정녀의 몸이었다.

성서는 단 한 곳에서만 예수의 어린 시절에 대해 언급하고 있다. 12세 때 유대인의 전통에 따라 유월절을 기념하기 위해 부모와 함께 예루살렘으로 향하는 긴 여행을 하고 있었다. 여행 도중 아들이 동행하지 않는 것을 안 부모는 그를 찾아 회당으로 갔다. 거기서 그들은 아들이 박사들 속에 앉아 있었으며, 아들의 지혜에 박사들이 놀라는 모습을 보았다는 것이다(누가 2 : 40-52). 예수의 어린 시절에 대한 자세한 기록은 없지만 다른 아이들처럼 기도, 율법공부, 메시아의 도래에 대해

---

181) 성기산 역, 앞의 책, 115쪽.

공부했을 것이다. 그는 이러한 과정을 거쳐 구약성서에 정통하였으며, 특별히 '이사야서'를 좋아하였다.182) 그는 회당에서 첫 설교를 할 때 이사야서 58 : 6, 61 : 1-2를 인용하였다(누가 4 : 18-19). 예수는 어린 시절 유대 회당에 들어가 교육을 받았을 뿐만 아니라, 12살 때 유월절에 성전에서 여러 교사들과 토론한 일도 있었다. 이를 보아서도 예수가 성경을 가르치고 배우는 일을 얼마나 중요시하였는지를 알 수 있다. 예수가 공생애에 들어서자 곧 복음을 전파하며 회당에 들어가 하나님의 말씀을 가르친 것이 4복음서에 많이 나타나고 있다. 회당에서 가르치고 배우는 일이 유대인의 전통처럼 내려왔으므로 예수도 이렇게 한 줄을 안다. 또한 로마군사들에게 잡히어 마지막 심문을 받으실 때 대제사장이 예수에게 제자들과 그의 교훈에 대하여 물으니, 곧 "내가 드러내어 놓고 세상에 말하였노라. 모든 유대인들이 모이는 회당과 성전에서 항상 가르쳤다"고 한 것을 보아서도 알 수 있다.183)

예수는 관례에 따라 어려서부터 아버지의 직업인 목수 일을 배웠을 것이다. 유대인들은 이러한 직업을 천하게 생각하지 않았다. 유대인의 전통은 지적 작업에 종사하는 사람들도 생계를 위한 직업을 배우도록 되어 있었다. 사울 바울도 그 시대의 대표적인 지식인이었지만 생계를 위해 천막 만드는 직업을 가지고 있었다. 이러한 전통은 고귀한 의미를 가지고 있다. 유대인들은 오래 전부터 지적, 종교적 지도자가 대중으로부터 생계비를 받을 경우 올바른 말을 할 수 없다고 생각했다. 예수는 세속적인 권력이나 부에 대해서는 관심을 갖지 않았다. 그는 간소한 삶을 통하여 일상을 바라보았다.184) 나사렛이라는 고장의 순박한 삶과 경험들은 예수의 교육적 소재로서 성경에 등장하게 된다. 그런

---

182) 신득렬, 「교육사상사」(서울 : 학지사, 2000), 190쪽.
183) 김득룡, 앞의 책, 119쪽.
184) 신득렬, 앞의 책, 190쪽.

면에서 '예루살렘과 같은 도시에 거주하는 사람들의 이상과 나사렛과 같은 시골 지역 사람들이 소중히 여긴 삶에 관한 생각간의 격차를 잊어서는 안 된다'[185]는 지적은 적절하다고 할 수 있다.

예수는 3년간 많은 사람들을 만나 복음을 전하였다. 그들 가운데는 예수와 가까운 사람들도 있었고 적들도 있었다. 친구들은 그의 제자들과 가난하고 헐벗고 힘없는 사람들이었다. 예수도 사람들을 좋아하였으며, 사람들이 멀리하는 가난한 사람들, 세리들, 병든 사람들, 이방 사마리아 여인, 신체장애자들 등 버림받는 사람들의 참된 친구가 되었다. 그의 제자들은 어부들, 세리, 열심당원, 농부들 등 모두 그 당시 소외된 하층민이었다.

예수에게 경제적 도움을 준 여인들도 모두 하층민이었다. 또한 예수의 주변에는 수많은 적들이 포진하고 있었다. 당시의 종교지도자들이 중심이 된 적들은 가는 곳마다 군중들을 따르게 하는 예수의 인기를 시기했으며, 자기들의 기존 권위와 이해를 위해 예수를 제거하려 하였다. 이들은 예수를 따라다니면서 예수의 약점을 찾으려고 애를 썼다. 대표적인 적들은 바리새인들(Pharisees), 사두개인들(Sadducees), 서기관들(Scribes), 그리고 열심당원들(Zealots)이었다. 니고데모와 아리마데 사람 요셉과 같은 우호적인 인사들도 있기는 했으나, 대부분의 종교지도자들은 적들이었다.

예수의 적들은 시간이 흐름에 따라 예수의 영향력을 심히 우려하는 시선으로 바라보았다. 대중들이 예수에게 관심을 보이자 그들은 위협을 느끼기 시작하였다. 예수는 이들과 논쟁할 때마다 성경에 대한 무지와 위선 등을 들춰내면서 언제나 그들을 궁지에 몰아넣었다. 대중 앞에서 위선과 무지가 드러난 이들은 예수를 죽일 명분을 찾고 있었다. 예수로 인해 그들은 권위에 도전을 받았으며 군중들의 외면에 당

---

185) 성기산(역)의 앞의 책, 115~116쪽.

황하였다. 그들 중의 일부는 순수하게 종교적인 이유로 예수를 죽이려는 의도를 가지고 있었다.

팔레스타인에서 교육을 받고 자라난 예수는 유대교에 충실한 사람이었다. 그가 적들을 많이 갖게 된 이유 중위 하나는 구약성서에 대한 이해가 서로 달랐기 때문이다.186) 예수는 관습에 의존하는 랍비들의 구약성서에 대한 가르침에 만족할 수 없었다. 예수는 구약성서를 비롯하여 유대인의 전통적인 문헌에 대해 소상하게 알고 있었다. 그는 자유자재로 구약성서를 인용하였다. 전통에 깊은 이해 없이는 예수가 그러한 경지에 도달할 수 없었을 것이다.187) 그는 구약성서를 완성하기 위하여 새로운 의미를 부여하려고 하였다. 예수는 '마음과 목숨과 뜻을 다해 주 하나님을 사랑하는 것과 이웃을 자기 몸처럼 사랑하는 것' 두 가지 계명을 구약 율법의 강령이라고 정리하였다.

그는 자신의 출현으로 '신의 왕국'이 이미 도래한 것으로 보고 있었다. 그는 그 나라가 지금 실현되고 있으며, '지금 그리고 여기'가 중요하다는 것을 보여 주었다. 그는 신의 은총은 이 세상에서 가난하고 핍박받고 버림받은 사람들에게 향하고 있다고 주장하였다. 예수는 '신의 의지'를 여러 각도에서 설명하였다. 격언들과 비유들을 사용하여 설명하기도 하고 대화법, 질문법, 그리고 수사법을 사용하기도 했다.

예수는 자신을 하늘에 계신 하나님의 아들이요, 태초 전부터 존재하였다고 선포하였다. 그는 자신의 사명이 하나님께로부터 온 것이라고 주장했으며, 예루살렘에 올라가 잡히시고 죽음을 당할 것임을 밝혔다. 또한 죽음가운데 살아날 것을 말하고, 성령을 주실 것을 약속하였다. 그의 특이한 죽음은 사람들의 뇌리에 깊은 인상을 남겼다. 그는 십자가형을 받았지만 그의 죽음으로 십자가는 오늘날 영광의 상징이 되었

---

186) 신득렬, 앞의 책, 194쪽.
187) 위의 책, 198쪽.

다.[188] 많은 사람들은 예수가 모든 사람들의 죄 때문에 십자가에 달렸으며, 죽음가운데서 다시 살아남으로 모든 믿는 자들의 구원과 영생을 증거했다고 믿고 있다.

(2) 예수의 교육사상

교사로서 예수의 독특함은 교육방법과 교육내용 면에서 찾아볼 수 있다. 그의 가르침은 듣는 자들에게 생생한 인상으로 남아 오래 동안 기억에 남을 수 있었으며, 그 당시의 랍비들은 물론이고 현재의 교사들과 비교할 때 가르치는 방식과 전달 된 메시지의 영향 모두 비교할 수 없는 권위를 유지하고 있는 것이다.

① 교육방법

예수는 요한복음에서는 '랍비(rabbi)'로, 마태, 마가, 누가복음에서는 '선생(teacher)'으로 불리어졌다. 제자들도 예수에 대해 이러한 칭호를 사용하였다(마가 4:38, 9:38, 10:35, 마태 26:18). 예수에게 도움을 청했던 많은 사람들도 이 칭호를 사용하였다(마가 9:17, 마태 19:16). '랍비'는 유대의 율법을 회당에서 설명하는 것을 직업으로 삼았던 사람들이다. '랍비'의 가르침에 익숙하던 많은 사람들이 예수의 가르침을 보고 놀랐으며, 일반교사들과 다르다는 것을 알게 되었다(마가 1:22, 11:18, 누가 4:31-2). 그것은 그의 가르침에 권위가 있었기 때문이다. 예수가 사용했던 교육방법을 구체적으로 정리해 보면 다음과 같다.

㈎ 때와 장소를 가리지 않고 기회를 삼아 가르침

예수는 일정한 교육의 장소를 가지고 있지 않았다. 그의 교육활동은 다양한 교육환경에서 이루어졌다. 그렇게 된 것은 제자가 찾아오기를 기다리지 않고 그가 제자들을 찾아갔기 때문이다. 예수는 예루살렘에

---

188) 위의 책, 193~194쪽.

있는 유대인 성전에서, 여러 회당에서, 들판에서, 바닷가에서, 시장에서 가르쳤다. 마태복음 8:20이 보여 주듯이, 그는 방랑하는 교사이자 설교자였다.[189] 랍비들과 예수의 방법을 비교할 때 예수께서 순회설교를 했음을 기억해야 한다. 랍비들이 기존의 가르침을 주기 위해 학생들을 자기 주변에 모으고, 똑같은 내용을 지속적으로 반복하게 하여 학생들이 들은 바를 재생할 수 있도록 하였다. 그러나 예수의 목적은 지나가는 기회를 가장 유효하게 적용할 수 있는 교수법을 적용하는 것이었다. 대부분의 유대인 교사들이 쓰는 기계적인 방법들은 이러한 목적에 전적으로 부합되지 않았다[190].

　(나) 교육대상과 환경에 따른 가르침

예수는 때와 장소를 가리지 않고 직접 찾아가 말씀을 증거했을 뿐만 아니라, 교육대상과 교육환경에 따라 그에 적절한 교수법을 사용하였다. 예수는 군중과 개인에게 교육환경에 따라 가르쳤다. 그의 주변에 사람들이 모여들자 군중 앞에서 공개적으로 가르쳤다. 복음서들은 어떤 경우에는 수천 명의 군중이 운집했다고 기록하였다. 예수는 군중을 대상으로 가르치면서도 기회만 있으면 개인 또는 소수의 사람들에게 대화를 통하여 가르쳤다. 예수는 많은 사람들과 개인적인 관계도 가지고 있었다.[191] 예수가 그의 청중들과 유지했던 관계성은 복음서에 나타난 것처럼 세 그룹으로 나누어 정리할 수 있다.[192]

　㉠ 제자들과의 관계

예수는 제자들을 다루실 때 대중들을 가르치실 때와는 다른 방식을 사용하셨다. 그 스스로 본을 보이고 그를 따를 것을 명령하였다. 그의

---

189) 앞의 책, 199쪽.
190) Donard Guthrie, *A History of Religious Educator*(E. L. Towns Editor, Michigan : Baker Book House, 1975), 18쪽.
191) 신득렬, 앞의 책, 200쪽.
192) Donard Guthrie, 위의 책, 35～37쪽.

기본적인 가르침은 오직 장차의 부활의 관점에서만 이해될 수 있다.

예를 들어, 자기 십자가를 지고 나를 따르라는 명령은 예수의 수난을 목격한 후에 깊은 의미를 얻을 수 있다. 그는 제자들이 필요로 한다고 생각한 것이 아니라, 예수 자신의 완전한 통찰에 의해 그들에게 진정 필요한 것들을 가르쳤다.

ⓛ 일반 대중들과의 관계

일반대중들과의 관계는 다른 방식이었다. 예수는 그들을 목자 없는 양같이 그리고 위로를 필요로 하는 사람들로 여겼으나 결코 영합하지 않으셨다. 그들은 처음에는 예수를 영접했으나 변덕스러워 자신들을 심하게 공격하는 가르침에 더 이상 들으려 하지 않았다. 예수의 사명은 절대적이요 많은 것을 요구하는 것이어서 대중적인 것이 될 수 없다. 그의 접근방식은 화해나 영합이 아니라 권위적인 것이었다.

ⓒ 종교지도자들과의 관계

종교지도자들과의 관계는 대개 긴장관계였다. 그들에게 예수의 가르침은 비정통적일 뿐만 아니라 혁명적이었으며, 그들이 세워놓은 것들에 대한 직접적인 도전이었으므로 저항을 야기시켰다. 예수는 종교지도자들의 폐해, 권력남용을 공격하셨다.

㈐ 비 형식적인 대화를 통해 가르침

예수의 가르침은 일정한 형식을 갖춘 정형화 된 틀로는 접근할 수 없는 다양성을 지니고 있다. 예수는 로마제국의 지배 하에 있던 팔레스타인에서 교육받았으며, 유대인들의 교수방법은 예수의 방법을 이해하는데 다소의 도움을 줄 것이다. 그것은 무엇보다도 항상 배운 데로 텍스트를 암기하는 것이었다. 주요 강조점이 정확한 교재의 전달이었으며 많은 방법들이 암기에 도움을 주기 위해 이용되었다. 예수는 전통적인 랍비가 아니었다. 예수의 방법은 암기는 물론 해석, 즉 이해가 강하게 동반된 것이었다. 이것이 비유를 쓴 이유이기도 하다. 주요한 고려 점은 그것의 진정한 의미가 파악되어졌을 때 삶으로 도약할 수 있는 소재를 가지고 듣는 이들의 마음을 모으는 것이다.[193]

예수가 자주 사용한 교수법 중 하나는 비형식적인 대화였다. 그는 대화를 통하여 일상적인 경험과 이해에 직접적으로 호소하였다. 유추, 격언, 경구, 비유를 사용한 가르침은 한번 들으면 쉽게 잊혀지지 않는다. 교육적 배경을 가지고 있지 않더라도 이해될 수 있도록 그는 청취자의 일상적인 경험을 활용하였다. 그는 1세기 팔레스타인 사람들, 그중에서 농촌 사람들이 사용하는 어휘들과 문장들을 즐겨 사용하였다.

(라) 비유로서 가르침

예수의 교수법의 가장 두드러진 특징 중의 하나는 비유를 들어 가르쳤다는 것이다.

'비유'란 말은 그리스어 'parabole'의 역어로서 여러 가지 의미를 가지고 있다. 즉, 속담(proverb), 은유(metaphor), 유사(similitude), 이야기 식 비유(story parable), 본보기식 비유(example parable), 알레고리(allegory) 등을 포함하고 있다.[194]

슈타인은 성서적 이해에 따른 비유의 총합은 50여 개가 될 것이라고 말했다. 예수는 왜 비유로 말하고 가르쳤는가? 이 질문에 대해 복음서는 다양하게 설명하고 있다. 마가는 예수가 가까운 추종자들에게만 복음이 전달될 수 있도록 하기 위해 비유로 말했다고 주장하였다. 예수의 비유에 대해 집중적으로 연구한 슈타인은 비유로 말한 이유를 세 가지 측면에서 설명하였다.

① 마가 4:10-12에 의하면 예수가 자신의 가르침을 외인들로부터 숨기기 위한 것이었다. 예수가 비유를 사용함으로써 듣는 사람들은 그의 약점을 찾아내기가 어렵게 되었다.

---

193) 위의 책, 17쪽.
194) 신득렬, 앞의 책, 200쪽 재인용.

② 예수가 비유를 통해 가르친 또 하나의 이유는 첫 번째 것과 모순되는 것처럼 보인다.

즉, 비유로 제자들은 물론 외인들에게도 생생하게 기억하고 이해할 수 있도록 하려는 것이었다.

③ 듣는 사람들의 적의를 없애려는 의도이었다. 비유를 통하여 듣는 사람의 완악한 마음을 완화시키려는 의도이다.195)

슈타인의 설명대로 예수가 비유로 말한 동기는 다양하게 설명될 수 있다. 예수는 자신이 바라본 '신의 왕국'을 사람들에게 설명하는 데 큰 어려움을 느꼈을 것이다. '신의 왕국'을 본 적이 없으며, 여전히 메시아를 기다리고 있는 사람들에게 추상적인 말로 '신의 왕국'을 설명하는 것은 불가능하였을 것이다. 카펜터(H. Carpenter)가 지적한 바와 같이 그는 '신의 왕국'은 이러하다고 가르치지 않고 무엇과 비슷하다고 가르쳤다.196)

예수는 그의 모든 교수방법 중 비유를 사용함으로써 그의 청취자들에게 눈에 보이지 않는 영적 세계에 대해 생생한 인상과 함께 쉽게 이해할 수 있고 오랫동안 잊지 않을 수 있도록 했다. 그는 세상의 육신의 아버지들이 자녀들의 복리에 관심을 지니고 있음을 비유로 삼아, 하나님 아버지께서도 그의 영적 자녀들에게 훨씬 더 관심이 있음을 설명하였다. 그는 또 양을 치는 목자의 비유를 들어 그를 백성들을 돌보는 선한 목자로 설명하기도 하였다. 그는 비유로 말하여 청중이 잘 알아듣지 못했을 때 보충적인 설명을 가함으로써 쉽게 이해하도록 이끌었다.

㈐ 구체적 실례를 통한 이해 증진

그의 교수의 다른 특성 중 하나는 추상적인 형태를 거의 사용하지

---

195) 위의 책, 202~204쪽 재인용.
196) 위의 책, 204쪽 재인용.

않았다는 것이다. 일상생활 가운데서 흔히 볼 수 있는 구체적이고 소박한 것들을 가지고 진리와 빛 등을 설명하는데 사용하였다. 일상적인 대화를 통해서 가르칠 때나 비유로써 가르칠 때, 그리고 그 밖의 많은 경우에 예수는 구체적인 실례를 들어 지루하지 않게 진리에 대해 설명하였고, 청중들이 아이디어들이 후에 더 깊은 사고로 나아갈 수 있도록 주의를 집중시키고자 하였다.

그는 추상적이며 개념적인 신학의 형식으로 사색하는 일이 없었고, 또 이런 식으로는 이야기할 줄 몰랐다. 그에게 있어서 인생의 깊은 의미는 부단히 변화하는 구체적 인생 자체와 인간의 매일 매일의 일로부터 분리시킬 수가 없었다. 그렇기 때문에 그의 가르침 가운데에는 밭이나 포도원에서 일하는 농부의 노동이라든가 가족이나 직업에 대하여 언급한 바가 많다.197)

그는 특히 일상에서 쉽게 찾아볼 수 있는 시청각의 감각자료로서 실례를 들어 가르쳤다. 그는 육적 소경을 들어 더 심각한 영적 소경상태를 설명하고, 정치적 속박을 들어 영적 속박을 설명했다. 예수는 예민하게 일상적인 것들을 관찰하고 그것들을 그의 가르침을 설명하는 데 적절하게 활용하셨다.198) 참새를 들어 하늘 아버지의 사랑을 강조하고 눈 속의 가시를 들어 영적 분별을 설명하였으며, 풀로서 삶의 덧없음을, 나무를 들어 진정한 성장의 비밀을 설명했다. 그리고 씨앗, 거름, 상한 생선 등의 비유를 통해 하나님 없이 사는 가치 없는 삶을 나타내기도 했다.

그가 제시한 일례들의 범위는 매우 넓었다. 예수의 경우 하찮은 것들에 주목하여 심오한 진리를 밝히고자 사람들이 그들의 환경에 민감할 것을 주의했다. 예수는 이러한 설명을 통해 듣는 자의 마음에 생생

---

197) 韓基彦, 「敎育哲學 및 敎育史」(서울 : 양서원, 1985), 48쪽.
198) Donard Guthrie, 앞의 책, 21쪽.

한 인상을 남겼다. 그는 종종 그의 언어적 그림들을 끄집어낼 만큼 시골을 사랑하였다. 그는 목수의 경험을 통해 멍에를 끄집어냈고, 상인들의 장사를 설명에 활용하고, 어부와 도적들을 설명에 등장시켰다.

이처럼, 예수는 다양하고 탁월한 교수법을 활용하여 듣는 사람들의 이해를 증진시켰으며, 인격적 공감과 영적 유대를 형성하였다. 짧고 간결하며 심오한 비유와 속담, 구체적이면서도 적절한 실례의 적용, 시기와 장소에 따른 적절한 교수법의 적용 등 예수의 가르침은 한 번 들으면 평생 잊을 수 없는 생생한 인상을 남기는 강력한 것이었다. 물론 예수의 가르침의 위대성은 적절한 방법을 적용했다는 사실과 함께 삶의 근본적인 문제, 영적 문제를 각성시키고자 했던 메시지의 성격에 기인한다.

② 교육내용

종교교육가로서 예수의 위대성은 그의 효율적인 교수방법과 함께 그가 가르친 내용에 놓여있는데, 구약의 율법을 존중하면서도 새롭게 그 의미를 부각시킴으로써 예언의 완성을 증거 하려고 하였다. 성경을 통해 그가 전달하고자 했던 메시지를 분류해 보면 다음과 같다.

㈎ 하나님에 관한 복음

예수는 너무 고귀하셔서 인간들이 감히 접근할 수 없는 것으로 여기던 유대인들의 하나님을 인간들이 쉽게 다가갈 수 있는 아버지로 전환시켜 주었다.[199] 선민으로서 유대인들의 역사를 주관하시는 유일하신 전능자요, 창조주로서 경외의 대상으로 섬겼던 하나님을 예수는 인간들과 매우 친밀한 아버지의 관계로 설정하였던 것이다. 예수는 아버지가 세상을 주관하시며, 참새 한 마리도 그가 모른 채 떨어질 수 없으며, 그의 제자들에게 하늘 아버지가 그들의 필요를 알고 계시다는 소

---

199) 위의 책, 26쪽.

식을 전해주었다.

(나) 예수 자신에 대한 복음

무엇보다도 예수 스스로 그 자신을 하늘에 계신 아버지의 아들로 여기고 있음이 가장 중요하다. 예수는 그 자신을 갈증과 피곤함 등에 반응할 수 있는 인간이면서 동시에 인간 그 이상이라고 여기고 있다. 그는 구세주로서 오셨으며, 창세전부터 계셨고, 성경에서 오리라 예언한 바로 장본인이라는 것이다.

예수의 일차적 사명은 심판이 아니었다. 그는 그의 백성을 그들이 지은 죄에서, 그리고 그럼으로써 죽을 수밖에 없는 사망에서 구원하기 위해 오셨다는 것이다.

예수의 사명은 인간의 본질적 성향을 바꾸는데 있다. 그는 인간에게 새로운 본성을 제공하기 위해 오셨으며, 그것은 인간의 자연적 성향과는 전적으로 다른 것이다. 예수 안의 삶은 기쁨이 되고 축복으로 특징되어진다. 순결한 마음으로 의를 지속적으로 추구하며 인간성의 진정한 정신을 지니게 된다.

예수는 인간들의 죄를 대속하시기 위하여 속죄물로 오셨으며, 그의 죽음은 그의 사명을 완수하는 본질적인 것이다.200) 누구든지 예수가 살아 계신 하나님의 아들이요 그리스도임을 시인하고 믿기만 하면 구원을 받을 수 있다고 그는 설파했다. 그는 만국백성들에게 기쁜 소식이 되는 구세주라는 것이다.

(다) 성령에 관한 복음

구약에는 나오지 않았으나, 예수는 가르침에서 성령을 약속하셨다. 성령은 진리의 영이며, 위로자, 보혜사로 설명되어졌다. 성령의 주요 활동의 하나는 종교 선생으로서의 예수와 결합되는 것이었다. 성령은

---

200) 위의 책, 30쪽.

제자들로 하여금 예수께서 하신 말씀을 기억나게 하신다. 또한 성령은 사람의 죄를 책망하시며, 영적 책임을 알게 하신다.

예수는 인간들이 성령을 받지 않고는 미래의 두려운 도전에 맞설 수 없다고 강조했다. 성령에 의해 하나님의 나라가 지금 임했음을 알 수 있으며, 특히 악한 영적 세력과 대항할 수 있다.

예수는 그의 사명이 바로 성령에 의해 부여된 것으로 인식했다.[201] 성령을 대항하거나 모독하는 것은 용서받을 수 없다. 예수는 제자들 역시 그들의 믿음을 답해야 하는 도전에 직면했을 때 성령의 역사가 필요함을 가르쳤던 것이다.

③ 예수의 독특한 개성

예수의 교육사상의 영향력과 관련해 눈여겨보아야 할 것의 하나가 그의 독특한 개성이다. 우리가 일반적으로 교사의 자질을 논할 때 많은 지식과 기능을 소유하고 있는가, 그리고 그것을 적절한 교수방법을 통해 학생들에게 전달하며 이해를 증진시키는가 하는 점을 고려하는 것만으로는 무언가 부족하다는 것을 느낄 수 있다. 학생들의 존경과 신뢰를 받을 수 있는 인격적인 측면이 또한 교사가 갖추어야할 중요한 자질이기 때문이다. 학생들에 대한 관심과 교육에 대한 열정은 다른 부족한 자질을 덮을 수 있는 가장 핵심이 되는 문제인지 모르겠다.

예수의 경우 레포의 형성<개성관련>과 수업의 의사전달<교수방법의 적용 면>간에 완벽한 조화를 이루었다. 또한 예수의 말속에는 따스한 인간미가 있었다. 그의 몇 몇 말씀 속에는 유머가 들어있다.[202] 예수의 제자들과 추종자들은 예수를 따라다녔다. 유대역사에서 한 젊은이에게 매료되어 군중이 따라다닌 것은 거의 없는 일이었다. 그는 살아있을

---

201) 위의 책, 32쪽.
202) 위의 책, 25쪽.

때는 물론 사후에도 가장 많은 추종자를 거느리는 인물이 되었다. 왜 이러한 일은 일어나게 되었는가? 클라우스너(Joseph Klausner)는 이 질문에 대해 "예수의 복잡한 개성과 그의 교수법 때문"이라고 주장하였다. 모든 위대한 사람처럼 예수도 복잡한 개성을 가지고 있었다. 그의 개성 속에는 모순과 역설이 포함되어 있다. 이러한 것들은 모든 평범한 선지자나 랍비와는 아주 다른 것이었다. 그는 강력한 카리스마를 보여 주면서도 때로는 인간으로는 더 이상 할 수 없는 겸손과 온화한 마음씨를 보여 주었다.[203]

④ 예수의 교육적 권위와 교육사상사적 위치

예수의 독특한 개성과 함께 반드시 언급해야 할 것은 그의 교육적 권위의 문제이다. 그는 권위를 가지고 가르쳤다. 일반 군중들이 보았을 때 서기관들의 가르침에는 예수의 가르침에서 보았던 권위가 결여되었다. 어떤 점에서 예수와 다른 교사들간에 권위의 차이가 발생하는가?

서기관들은 주로 남들이 말한 것을 반복하는 반면 예수는 아버지께로 직접 받은 것으로 권위 있게 말하고 있다. 예수는 그가 전달하는 내용이야말로 참 진리라고 확신하면서 힘있게 명령하고 있음을 우리는 복음서들을 통해 확인할 수 있다. 이런 점에서 그의 교육적 권위는 그가 가르치는 교육내용으로서 영적 진리와 밀접하게 연관되어 있다. 예수의 남다른 권위는 무엇보다도 하나님의 아들로서 신적 권위에서 찾아야 할 것이다.

예수의 교육적 권위의 또 다른 근거는 인간자체의 권위를 믿는 그의 높은 도덕적 이상에서 찾을 수 있다. 그는 높은 도덕적 이상을 세우고 그것을 실천한 유일한 교사였다. 그는 권위를 가지고 다른 이들에게도 실천하도록 하였다. 그는 사람은 인간의 혼을 목적 그 자체로서 고찰

---

203) 신득렬, 앞의 책, 205쪽.

하여 이것을 다른 목적에 복종시켜서는 안 된다는 의무를 지니게 하는 것이었다.204) 즉, 인간은 하나님의 형상을 닮은 존재요 영혼을 지닌 존재이며, 새로운 피조물로 거듭날 수 있는 존재이므로 순수한 동기를 가지고 높은 도덕적 이상을 실천해야 한다고 강조하는 것이다. 예수는 자기가 원수를 사랑한 것처럼 인간도 원수를 사랑할 수 있으며, 그렇게 해야 한다고 명령하는 것이다. 그가 원수를 사랑하라는 불가능해 보이는 명령을 주장했을 때도 그는 그를 십자가에 매단 사람들을 용서함으로써 그 방법을 보여주었다.

이처럼 예수의 교육적인 이상은 그의 도덕적인 식견에 의존하고 있다. 우리 이웃과 우리의 관계에서 없어서는 안 되는 요소는 우리의 동기이다. 우리의 마음이 순수해야 한다. 미움은 미움으로 극복될 수 없지만 사랑을 통해서는 극복될 수 있다. 의심은 더 큰 의심을 낳고, 질투는 더 큰 불행을 초래할 뿐이다. 하나님이 우리를 사랑한 것처럼 우리는 우리의 이웃을 사랑해야 한다.205) 영혼을 지닌 인간에 대한 신뢰와 그의 높은 도덕적 이상이 교육적 권위의 또 다른 근거라고 볼 수 있다.

아울러 앞에서 살폈듯이, 학습자들의 교육적 수준과 특성에 맞추어 일상생활 속에서 쉽게 볼 수 있는 구체적 소재와 실례를 가지고 생생하고도 명료한 깨달음을 이끌어내는 그의 탁월한 교수법, 즉 짧고, 간결하면서도 심오한 비유와 설명을 동반한 예수의 가르침이야말로 당시는 물론 현재까지도 교육적 권위를 보장받는 근거이다. 예수의 권위와 그의 방법들이 무관하지 않다. 이런 측면에서 예수는 종교 분야에서 사람들을 교육시키고자 하는 사람들 중에서도 독특하다. 모든 사람들과 비교해 예수의 최고의 위대함은 그의 접근의 시간적 무제한성이다.

---

204) 韓基彦, 앞의 책, 49쪽.
205) F. Mayer(성기산 역), 앞의 책, 118쪽.

예수 당시부터 지금까지 그만큼 권위 있게 가르친 사람이 없다.

혼(H. H. Horne)은 교육사상에 차지하고 있는 그리스도의 위치를 다음과 같이 진술하였다.[206)

㉠ 주님을 따르는 추종자들의 수가 다른 교사들을 따르는 이보다 많았다.

㉡ 비록 주님을 멀리 떠났다 하더라도 주님의 이름을 고백하는 백성들이 세상의 문화를 영도하였다.

㉢ 예수님은 인간이 당면한 큰 문제를 해결할 것을 가르치고 또 가르친 그대로 살았다. 다시 말하면 개인적인 요구를 사회문제에 적용시킬 것을 가르치시고 또한 그대로 살았다.

㉣ 그는 가장 높은 도덕과 영적 진리를 가르쳤다.

㉤ 그는 교육적인 기술을 효과적으로 사용하시면서 참된 진리를 단순하게 가르쳤다.

㉥ 그의 증거하신 후로 그가 훈련시킨 소수의 사람들을 선택하여 그의 교훈을 전체적으로 전하신 것이다.

㉦ 그가 가장 높은 동기로서 그들에게 가르쳤다. 곧 그 동기란 하나님이 주신 사명, 동감, 동정 그리고 사랑이다.

㉧ 그는 모든 것과 관계가 되어 있는 교사가 가질 5대 자질을 가졌다. 곧 5대 자질이란 모방할 인격적 가치와 적절한 교훈, 그의 학생이 가질 지식, 그의 주제인 문제된 지식, 그리고 세상에 대한 지식 등이다. 이것을 예수님이 가르쳤고 또한 그대로 살았다.

3. 기독교교육의 성격

예수 그리스도가 유일한 구세주임을 믿고 그의 가르침을 실천하려는

---

206) 김득룡, 앞의 책, 181~182쪽 재인용.

기독교는 땅끝까지 이르러 복음을 전파하고자 선교에 전력을 기울여왔다. 특히 기독교는 복음을 전파하면서 기독교인들을 체계적으로 양육하기 위해서 형식적, 비형식적 교육활동을 강조해왔다. 교회를 세우고 설교와 교회학교의 교육을 통해서, 기독교계의 사립학교들을 통해서, 그리고 다양한 기독교계의 사회교육기관들과 언론매체들을 통해서 매우 적극적으로 교육을 실시해오고 있다. 기독교교육의 성격을 이해하기 위해 기독교교육의 목표, 핵심교육과정으로서 성경, 기독교교육의 강조점 등의 순으로 정리해 보자.

(1) 기독교교육의 목표

기독교에서는 인간의 존재 이유, 즉 하나님의 피조물로서 인간을 창조하신 이유는 창조주이신 하나님을 영화롭게 하는 것에 있다. 이는 모든 인간에게 부여된 것이며, 특별히 성도로, 그의 백성으로 부르심을 받은 자들에게 마땅히 요구되는 것이다. 그리스도인 교사 역시 그리스도 예수 안에서 새로운 피조물이 된 사람으로서, 그가 가장 열중해 있어야 할 목표는 바로 하나님을 영화롭게 하는 일이다. 그러므로 그들은 교사로서 온전한 기독교인을 양성함으로써 하나님께 영광을 돌리고자 애쓰고 있다고 할 것이다.

그러면 좀 더 구체적으로 기독교교육의 명확하고도 한정된 목표는 무엇인가 하는 점을 이해할 필요가 있다. 이 질문에 대한 올바른 답변은, 바로 기독교교육의 총괄적인 목표는 "하나님의 사람으로 온전케 하며 모든 선한 일을 행하기에 온전케 하는" 것이라는 대답일 것이다(딤후 3:17). 즉, 하나님의 사람으로 온전하게 자라나게 하는 것과 모든 선한 일을 행하도록 하는 것이다. 그리고 그럼으로써 하나님께 온전하게 영광을 돌릴 수 있는 것이라고 할 수 있겠다.

이처럼, 기독교교육은 모든 것은 하나님의 사람으로 온전하게 교육받은 자를 양성한다는 최종적이며 유일무이한 목표를 지향하고 있는 것이다.207) 그리고 온전한 하나님의 사람으로 성장시키기 위한 가르침이 성경이라 할 수 있다.

(2) 성 경

기독교교육에 있어서 성경은 핵심적인 교육과정으로 중시된다. 성경은 영원하신 하나님이 인간에게 인간이 나아갈 길과 구원의 계획, 구세주, 그리고 하나님의 뜻을 나타내기 위하여 주신 무오하고 영감된 말씀으로 여겨진다. 성경에 의하여 인간의 사고가 판정을 받으며 인간의 행위가 평가되며 인간의 생활이 인도된다. 자동차 운전기사에게 신호등이 주는 의미와, 항해사에게 나침반이 주는 의미와, 또한 비행사에게 방향 지시 전파가 주는 의미와 마찬가지로, 하나님의 계시(啓示)가 인간에게 주는 의미는 너무나 중요한 것으로 보는 것이다.208)

성서는 여러 형태의 문헌으로 이루어져 있다. '구약성서'는 율법서, 예언서, 그리고 성문서로 대별된다.

간략히 설명하면 다음과 같다(신득렬, 2000).

① 구약성서

(가) 율법서(The Law, Torah)

모세 5경이라 불리는 '창세기', '출애굽기', '레위기', '민수기', '신명기'로 여호와의 율법의 내용이 무엇이며, 어떻게 해석되어야 하는가를 상세하게 설명하고 있다.

(나) 예언서(The Prophets, Nebhim)

그들의 예언은 백성에게 주는 경고였으며, 어김없이 실현되었다고

---

207) C. B. Eavey(박영호 역), 앞의 책, 49쪽.
208) 위의 책, 17쪽.

한다.

　・전기예언서 : '여호수아', '사사기', '사무엘', '열왕기'

　・후기예언서 : '이사야', '예레미야', '에스겔', 12서(호세아, 요엘, 아모스, 오바댜, 요나, 미가, 나훔, 하박국, 스바냐, 학개, 스가랴, 말라기)

　(다) 성문서(The Writings, Ketubhim)

　종교적 시와 지혜문학으로 이루어져 있으며, 통일성이 없고 잡다하다. 예배와 교수활동을 위한 보조수단으로 사용되고 있다. 이것들은 역사, 노래, 시, 이야기, 지혜문학으로 되어 있다. '시편', '잠언', '욥기', '아가', '룻기', '애가', '전도서', '에스터', '다니엘', '에스라', '느헤미야', '역대기(상)', '역대기(하)' 이다.

　・ 실천적 지혜 - '잠언'이 대표적이며, 이는 격언, 비유, 경구로 되어 있으며 젊은이를 가르치는데 주로 사용된다.

　・ 사변적 지혜 - '욥기'와 '전도서'가 대표적이며, 선, 악, 정, 부정, 무고한 자들의 고통, 사악한 자들의 성공 등을 다루고 있다.

　② 신약성서

　구약성서는 많은 사람들에 의해 여러 세기에 걸쳐 쓰여졌지만 신약성서는 기원후 50~150년 사이에 소수의 사람들에 의해 쓰여졌다. 예수의 제자들은 신의 왕국이 곧 오리라고 믿고 예수의 말을 기록하지 않다가, 세월이 지나가도 오지 않자 예수와 함께 생활할 때 듣고 본 것을 기록하기 시작하였다. 기록의 목적은 확실한 정보를 보존하고 신도들을 가르치고 난관에 처해질 때 신앙을 지키도록 하기 위해서다.

　(가) 복음서

　앵글로 색슨 어휘인 'godspell'에서 온 것으로 '좋은 소식(good news)'을 의미한다. 4개의 복음서가 있는데, 1780년대이래 마태, 마가, 누가를 공관복음서(synoptic gospels)로 부르고 있다. '공관'이란 그리스어에 기원을 두고 있으며 '함께 보았다'라는 의미를 가지고 있다. 이 세 복음서는 병렬로 인쇄하여 내용을 비교할 수 있으나, '요한복음'은 다른 복음서 작가들에게 알려지지 않는 예수에 관한 전통들에 의존하고 있는 듯하다.

㈏ 바울로의 편지들

21개의 편지 가운데 13개가 바울에 의해 쓰여진 것으로 보인다. 예수 처형 후 20-30년이 지나 쓰여진 것으로 보이며, 그가 각처에 세운 교회들이 직면한 문제들에 대해 대답하는 내용으로 되어 있다. 기독교 신학은 바울에 크게 의존하고 있다.

기독교에서 성경은 하나님의 감동으로 된 말씀으로 교훈과 책망과 바르게 함과 의로 교육하기에 유익한 것으로 하나님의 사람을 온전케 하는 유일한 신앙의 기준으로서 받아들이고 있는 것이다. 그러므로 성경의 일점 일획도 오류가 없는 온전한 진리라고 여겨지고 있다.

(3) 기독교교육의 강조점

기독교교육은 세 가지의 필수 불가결한 요소에 관심을 가진다고 한다.

첫째, 학습자에게 구주로서의 예수 그리스도가 개인적으로 필요하다는 의식을 불어넣어 성령의 힘을 통하여 회심(懷心)하게끔 확실히 이끈다는 것.

둘째, 학습자를 그리스도를 고백하며 살아가도록 인도하여 학습자가 "온전한 사람을 이루어 그리스도의 장성한 분량이 충만한 데까지 이를"수 있는 여건을 조성한다는 것(엡 4:13).

셋째, 학습자를 하나님께 봉사하는 삶을 영위하게끔 인도하는 것 등의 요소가 그것이다.

진정으로 기독교적인 모든 교육은 이 세 가지 필수 불가결한 요소를 교육 과정에 상호 연관적으로 포함시켜야만 한다. 첫째 요소가 없이는 나머지 두 가지도 불가능하며 나머지 두 요소는 첫째 요소의 필연적인 결과로서 연이어진다는 것이다.[209]

기독교에서는 가장 중요한 교육내용으로 믿음·소망·사랑의 개념을 중시한다. 믿음이란 하나님이 세상을 창조하시고 독생자 예수 그리스도를 이 땅에 보내주셨으며, 예수 그리스도가 인간의 모든 죄를 사하실 능력이 있음을 믿는 것이다. 또한 누구든지 예수 그리스도를 주로 시인하고 영접하기만 하면 구원을 얻는다는 사실을 믿는 것이다.

소망이란 하늘나라를 사모하며 죄 많은 세상에 뜻을 두지 않는 삶의 자세를 말한다. 사탄이 지배하는 세상은 불완전하여 전쟁의 공포와 각종 재난이 멈추지 않는 영역이다. 그러므로 택함 받은 성도들은 이 세상에 소망을 두지 않고 앞으로 도래할 천국에서 구원받은 자들과 함께 영원히 거할 것을 믿고 바라는 것이다.

사랑은 믿음·소망·사랑 중에서도 제일가는 가치이다. 사랑이 없이는 믿음도 소망도 예언도 방언도 헛된 꽹과리에 지나지 않는 것이다. 예수 그리스도가 인간들의 죄를 대속하기 위해 피를 흘리기까지 사랑한 것처럼, 우리가 서로 사랑할 때만 진정 하나님의 본성을 알 수 있는 것이다. 사랑은 구원받은 성도들의 특징인 것이다. 신약성서에 나타난 예수의 사랑의 개념은 연민의 마음, 용서, 낮아지는 자세 등으로 설명할 수도 있다.

성도들이 서로 사랑함으로 구원받은 증거를 나타내며 하나님의 자녀라고 일컬음을 받을 수 있는 것이다. 기독교는 교리를 명쾌하며 밝히고 논박함으로써 세상과 대적할 수 있는 것이 아니라, 온전히 사랑을 실천함으로써 세상을 이길 수 있는 것이다. 하나님을 사랑하는 자만이 가족과 형제를 진정으로 사랑할 수 있으며, 이웃과 원수까지도 사랑할

---

209) 위의 책, 18쪽.

수 있는 것이다. 왜냐하면 하나님은 사랑이시기 때문이다.

4. 기독교사상의 교육적 의의와 과제

김정환은 기독교가 세계사에 남긴 의의로서 다음의 여섯 가지를 들고 있다. 그것은 첫째, 사람과 신과의 人格的인 父子關係의 回復, 둘째 재림에 의한 우주의 完成思想, 셋째, 人間·自然·神을 포섭하는 우주의 存在意識, 存在相에 대한 종교적 물음의 제기, 넷째 萬民平等思想과 인간의 기본적 권리, 즉 天賦之人權說의 선언, 다섯째 평화·복지·박애사상 및 그 制度的 具現, 여섯째 인간의 생명의 절대적인 의의와 인격의 존엄성이라는 것이다.210)

그는 기독교가 루터와 같은 신앙의 열정과 사명감으로 인생과 역사를 긍정적으로 개척하여 왔음을 높게 평가하였고, 아울러 한국 교육의 발전에 끼친 긍정적인 영향을 높게 인정하였다. 그러나 그는 한국에 있어서 기독교 및 기독교 교육은 많은 문제점을 안고 있다고 지적하면서, 시급히 풀어야 할 한국 기독교교육의 과제로서 다음과 같은 것들을 제시했다.211)

① 토착화에 의한 民族的 基督敎의 확립
② 외국 선교화로부터의 정신적·교리적·재정적 독립
③ 敎派根性의 극복을 통한 협동체제의 구축
④ 기독교 교육이념의 再定立 및 敎育方法의 革新
⑤ 교회자체의 體制的 矛盾 克服
⑥ 청소년층의 사회로부터의 離脫現象에 대한 대책 강구
⑦ 우리 민족의 세계사적 사명의 정립에 기여해야 할 기독교의 고유

---

210) 김정환, 앞의 책, 271~272쪽.
211) 위의 책, 282~283쪽.

한 所任의 認識

⑧ 타종교에 대한 비관용성의 극복

⑨ 社會革新 및 福祉社會建設을 위한 기독교적 참여방식의 모색

⑩ 기독교 문화에 파고든 非基督敎的 文化要因의 제거

⑪ 절대평화주의의 선포

이러한 지적들은 크게 기독교의 한국적 토착화와 포용성, 사회혁신과 복지사회건설에의 적극적인 참여로 요약할 수 있으며, 한국 기독교의 발전을 위해서도 귀담아 들을 필요가 있는 것들이라 할 수 있다.

필자 역시 한국 격동기의 근·현대사를 통해 국민계몽과 민주주의, 교육의 발전 등에 끼친 기독교의 사상과 실천을 매우 긍정적으로 평가하고 있다. 사실 기독교는 외래사상이 아니라, 우리 삶의 가장 영향력 있는 문화요, 가장 강력한 종교로 자리잡고 있다고 해도 과언이 아니다.

어찌 보면 기독교의 발흥은 한국인들의 근원적인 종교성에 비추어 볼 때 당연한 것이기도 하다. 우리 민족은 일찍부터 하늘나라에서 온 하느님의 자손으로서의 선민의식 속에 경천애인(敬天愛人)과 재세이화(在世理化)의 이념을 전통적인 이념으로 하고 있었다. 또한 東夷族이 농경민으로서 정적이고 종교적인 민족이었음을 이미 밝힌 바 있다. 이렇게 하늘을 숭상하고 종교성이 강한 사상적 형성 배경 속에서 하나님을 섬기는 사랑의 종교, 기독교가 수용되었으므로 온전히 터를 잡고 나날이 확장될 수 있다고 생각한다.

한국은 이제 복음선교의 중심으로서 세계사적 소임을 맡고 있다고 보는 것이 옳을 것이다. 그런데 최근에 들어 양적 성장에 비해서 '빛과 소금'의 역할을 제대로 하지 못하고, 종교적 순수함과 열정 면에서도 오히려 과거에 비해 식어가고 있는 것이 아닌가 우려를 낳고 있다. 하루 빨리 자세를 가다듬어 사상적으로나 실천면에 있어서 우리민족의

소망이 되는 기독교로 거듭나야 하겠다. 이렇게 될 때, 미래지향적인 가치를 지닌 기독교는 우리의 전통을 계승하는 사상과 종교체계로서 민족의 교육과 민족의 통일, 민족의 번영, 그리고 세계사의 발전에도 크게 공헌하게 될 것이다.

이러한 의미에서 우리교육의 발전을 위한 기독교사상의 역할을 나름대로 정리해 보고자 한다.

첫째, 종교적 존재로서 인간의 가치회복이다. 학습자는 전인격적이고 종교적 각성이 요구되는 존재라는 사실로부터 시작해야 한다.

진정한 교육은 실존적이다. 그것은 예수가 인간과 하나님간의 만남을 묘사했던 것처럼 교사와 학생간의 살아 있는 만남을 요구한다. 어떤 사상가들은 하나님에 관한 지식은 교육의 개념에서 불필요하다고 말할 수도 있다. 그렇지만 우리가 예수의 이상을 더 폭넓고 더 깊게 해석해 보면, 하나님에 관한 지식과 이해는 교육의 중심 문제가 된다.

그 문제는 다음과 같다. 교육은 우리에게 보편성을 내다보는 힘을 주는가? 우리는 단순히 실리적인 일을 추구하는 것처럼 그릇된 우상을 숭배하는가 아니면 인간의 인격이 중심임을 자각하는가? 우리의 교육 철학은 유물론에 근거를 두고 있는가 아니면 하나님의 사랑에 근거를 두고 있는가? 교육은 인간의 인격 전체와 총체적인 조정에 관심을 가져야 한다.[212]

이제 교육은 학습자들의 인격을 총체적으로 파악하고, 삶의 유한성과 영원원한 가치의 필요성 등에 관심을 지니도록 해야 한다.

둘째, 교육에 있어서 교사의 권위를 회복해야 한다. 우리의 교사들은 예수의 가르침에 나타난 권위를 본받기 위해 노력해야 한다. 자신의 한계를 절감하면서도 높은 인격의 실현을 위해 애를 쓰고, 효율적

---

212) F. Mayer(성기산 역), 위의 책, 119쪽.

인 수업운영을 위해서 계속해서 전문성을 향상시킬 때 권위는 회복될 수 있는 것이다.

현대인들의 권위에 대한 부정은 권위자체에 대한 반발이라기보다는 권위를 낳는 근원(거)에 대한 존경의 결핍이다. 모든 사람들 어느 시대나 충분히 존경할만한 사람들에게는 관심을 보이고자 하는 것이다. 모든 기술적 성취를 이룩한 21세기의 사람들도 1세기의 사람들이 요구했던 도덕적 필요성에는 다름이 없다. 진리는 그 자신의 권위를 낳는 것이다.213)

셋째, 교육에 있어서의 사랑을 동반한 열성의 회복이다. 어찌 보면 교사의 진정한 권위란 사랑을 전달하고 진정한 관심을 보여줌으로 해서 얻을 수 있는 존경과 같은 것이라 할 수 있다.

우리는 인간의 성격과 운명에 관해 여전히 혼돈하고 있다. 우리는 여전히 마음의 안정을 바라고 있고, 온정과 사랑을 필요로 하고 있고, 영구적인 만족을 열망하고 있고, 내면의 갈등과 우리의 사회생활을 위협하고 있는 외부의 갈등을 여전히 극복하지 못하고 있다. 예수가 그랬듯이 교사도 자신이 중요하다는 것을 직감해야 한다. 교사는 전문적이고 세부적인 사항을 뛰어넘어서 볼 수 있어야 한다. 그의 임무는 단순히 지식을 전달하는 것이 아니라 행동 유형을 개발하는 것이다. 그는 학생을 각성시켜야 하는데, 이것은 오직 교사가 정말로 학생을 이해하고 그들의 삶의 일부가 될 때라야 성취될 수 있다.214)

넷째, 교육의 중점을 기독교적 사랑의 실천성 함양에 두어야 한다. 기독교의 특징 중의 하나의 실천성에 있다. 예수는 아는 것, 배운 것을 실천하도록 가르치셨다. 그분은 "그러므로 너희도 이같이 하라"고 본을

---

213) Donard Guthrie, 앞의 책, 37쪽.
214) 위의 책, 121쪽.

보여주셨다. 참다운 지혜는 작은 것부터 실행하는 데에 강조점이 놓여진다. 많은 지식과 이론을 전달하는 것은 그것 자체로도 의미 있는 일이겠으나, 중요한 것은 이웃과 사회를 위해, 전 인류의 복지증진을 위해 받은 달란트를 활용하는 것이다. 좋은 성적을 얻는 것, 좋은 대학을 졸업하는 것, 많은 봉급을 받고 명예를 얻는 것들과 '진정으로 잘 사는 것'과는 다르다는 것을 가르쳐야 한다. 잘 사는 것은 더 많이 베풀고 헌신하는 삶을 영위하는 것이요, 낮아지는 것이요, 남을 섬기는 일임을 먼저 본을 통해 보여주고 실천하도록 가르쳐야 한다. 교회들이 먼저 개 교회 중심주의를 벗어나 소외되고 가난한 이웃들에게 봉사하며 사회전체의 복리증진을 위해 합심 노력해야 한다. 기독교인들 각자가, 특히 교사들이 먼저 섬김의 사랑을 실천해야 한다. 이것이야말로 진정한 인성교육이 아니겠는가.

다섯째, 학생 개개인에게 소명의식을 일깨워 주는 교육이 되어야 한다. 기독교는 인간 개개인들의 소명의식을 중시한다. 어떤 인생도 의미 없이 우연히 던져진 존재는 없다는 것이다. 질그릇으로 쓰이든 은그릇으로 쓰이든 그것은 하나님 아버지께서 결정하실 일이나, 모두가 협력하여 선을 이루는 귀한 소명의 그릇인 것이다. 학생들 모두가 소명을 받고 태어난 소중한 존재임을 인정하는 것과 그런 소명의식을 일깨워 주어 보람된 삶을 살 수 있도록 해주는 것이야말로 그 무엇보다도 값진 교육의 방향이 될 것이다.

기독교에서는 '하나님을 섬기고 이웃을 섬길 줄 아는 가슴 따듯한 사랑의 실천자'를 교육적 이상형으로 여기고 있다고 생각한다. 그런 사람이 바로 온전한 사람을 이루어 그리스도의 장성한 분량이 충만한 데까지 이른 사람이라고 할 수 있겠다. 그렇다면 이러한 사람이 바로 '홍익인간'의 정신을 계승한 사람이 아니겠는가. 그리고 仁義를 생활화하는 사람이요, 이 시대의 진정한 선비로 '멋있는 사람'이 아니겠는가. 기독교는 더 이상 이 땅의 외래 사상이 아니다. 오히려 우리의 전통을 계승하면서 민족의 종교로 토착화되어야 한다. 사랑과 헌신의 종교인 기독교가 '하나님 주신 동산', 할 일 많은 이 땅에서 꽃을 피우고 열매를 맺어야 한다.

연구·토의 과제 ...

1. 기독교사상을 간략히 정리해 보자.

2. 기독교의 한국전래이후 교육에 끼친 영향에 대해서 논의해 보자.

3. 예수의 생애와 교육사상을 정리해 보자.

4. 교사로서 예수의 독특성과 위대성을 논의해 보자.

5. 한국교육의 발전과 관련하여 기독교와 기독교교육 이 해결해야 할 과제가 있다면 무엇이며 해결방안 이 무엇인지 토의해 보자.

저자약력
著者略歷

이 승 원

국립철도고등학교 졸업
고려대학교 교육학과 졸업
서울대학교 대학원 교육학석사학위
고려대학교 대학원 교육학박사학위
서라벌대학 유아교육과 교수
현 천안대학교 사회복지학부 교수

2002년   6월 25일 1판 1쇄 인쇄
2002년   6월 28일 1판 1쇄 발행

엮은이 · 이 승 원
발행인 · 김 흥 국
편   집 · 여수정 박소연 박정경
영   업 · 이정현
발행처 · 도서출판 **보고사**
등   록 · 1990년 12월(제6-0429)
주   소 · 서울시 성북구 보문동 7가 11번지
전   화 · 922-5120~1 팩스 : 922-6990
e-mail · kanapub3@chollian.net
home-page ·www.bogosabooks.co.kr

* 잘못된 책은 저희 출판사나 구입처에서 직접 바꿔 드립니다.

정가   12,000원
ISBN 89-8433-133-3   93300